나도 박지원처럼
기행 일기 쓸래요!

나도 박지원처럼 기행 일기 쓸래요!

1쇄 인쇄 2024년 9월 5일
1쇄 발행 2024년 9월 23일

지은이	조민희
그린이	강영지
펴낸이	이학수
펴낸곳	키큰도토리
편 집	이효원
디자인	박정화

출판등록	제 395-2012-000219호
주소	경기도 고양시 덕양구 청초로 66, B-617호
전화	070-4233-0552
팩스	0505-370-0552

전자우편	kkdotory@daum.net
홈페이지	www.kkdotori.com
블로그	blog.naver.com/kkdotory
페이스북	facebook.com/kkdotory
인스타그램	instagram.com/kkdotori

* 책값은 뒤표지에 있습니다.
* 잘못된 책은 구입처에서 교환하여 드립니다.
* 이 책은 저작권자와 계약에 따라 발행한 것이므로 본사의 허락 없이는 어떠한 형태나 수단으로도 이 책의 내용을 이용하지 못합니다.

ⓒ 조민희 · 강영지, 2024
ISBN 979-11-92762-29-6 74800
　　　978-89-98973-83-4 (세트)

어린이제품안전특별법에 의해 제품표시

제조자명	키큰도토리
제조국명	대한민국
사용연령	만 9세 이상 어린이 제품
전화번호	070-4233-0552
주소	경기도 고양시 덕양구 청초로 66, B-617호

위인에게 배우는 글쓰기

나도 박지원처럼 기행 일기 쓸래요!

조민희 글 | 강영지 그림

키큰도토리

작가의 말

　세 달 전에 동물원에 다녀왔습니다. 그날은 날씨가 매우 좋았지요. 하늘은 파랗고, 작고 하얀 구름들이 군데군데 떠다녔습니다. 동물원 입장권을 사서 들어가던 길은 얼마나 신나던지요.
　동물원에서 솔방울도마뱀을 처음 만났습니다. 솔방울도마뱀의 몸을 덮은 비늘 하나하나가 커서 정말 솔방울처럼 보였습니다. 여러분도 이 친구를 만나게 되면 왜 솔방울이라는 이름을 갖게 되었는지 알게 될 거예요.
　자, 그럼 지금 문제를 하나 내겠습니다. 저는, 어제도 아니고, 지난주도 아니고, 무려 세 달 전에 동물원에 갔던 일을 어떻게 이렇게 자세히 기억하고 이야기하는 걸까요?

하하, 답은 맥이 탁 풀릴 정도로 간단합니다. 그날의 일들이 모두 기록으로 남아 있기 때문입니다.

저는 동물원에 갔을 때, 사진을 열심히 찍고, 신기한 건 기록을 하고, 입장권은 버리지 않고 챙겨 왔습니다. 그리고 모아 놓은 자료들을 하나씩 들여다보며 동물원에 다녀온 경험을 일기로 남겼지요. 그래요, 저만의 '기행 일기'를 쓴 것입니다.

기행 일기는 어렵지 않습니다. 물론 여행이나 나들이를 다녀온 뒤 피곤한 몸으로 일기를 쓰려면 귀찮을 수도 있어요. 그럼 우선 사진부터 열심히 찍어 보세요. 그리고 박물관이나 미술관에서 받은 입장권이나 팸플릿을 소중히 간직하세요. 그런 자료들이 여러분이 보고 듣고 체험한, 소중한 경험들을 생생하게 되살려 줄 고마운 도구가 될 테니까요.

차례

- 프롤로그　　　　　　　　　　　10

박지원을 만나다
- 호기심이 많은 아이　　　　　　16
- 공부방을 짓다　　　　　　　　23
- 가야 할 길을 깨닫다　　　　　　30
- 양반을 꼬집다　　　　　　　　38
- 뜻을 같이하다　　　　　　　　45
- 연암골의 농부가 되다　　　　　50
- 청나라로 떠나다　　　　　　　56
- <열하일기>를 쓰다　　　　　　63
- 백성을 위하여　　　　　　　　70

기행 일기, 이렇게 써 봐
- 기행 일기가 뭐야?   76
- 기행 일기, 왜 써야 해?   80
- 네 손에 항상 연필!   85
- 찍자, 찍어, 사진!   91
- 자료를 모아 모아서!   97

다섯 친구들과 함께 쓰는 기행 일기
- 날씨 일기로 몸풀기   104
- 대화가 필요해!   110
- 그림일기도 오케이!   118
- 메모 정리의 힘!   126
- 네 기분, 네 생각   134

프롤로그

휴! 오랜만에 세상 밖으로 나왔더니 눈이 부시네! 밝은 햇빛에 적응할 때까지 잠깐 기다려 줄래?

좋아, 이제야 앞이 잘 보이네. 이제 나를 세상 밖으로 불러낸 친구의 얼굴 좀 볼까? 응? 뭐라고? 나를 불러낸 적 없다고? 아니, 무엇보다 내가 누군지 도무지 모르겠다고? 하하하하, 민망하게 왜 이래?

누가 불러냈던 그게 무슨 상관이겠어? 기행 일기의 결정판인 내가 지금 이 순간 이렇게 너를 만난 게 중요한 거지.

방금 네가 나에게서 한 발짝 물러선 것 같은데, 그냥 기분 탓

이겠지? 네가 이대로 책장을 닫기 전에 빨리 내 소개를 할게.

안녕? 난 〈열하일기〉라고 해. 지금으로부터 200년도 전에 세상에 태어났지. 혹시 내 이름을 들어 본 적이 있니? 아, 대답 안 해도 돼. 네 표정을 보니 처음 들어 본 이름이라는 게 확실하니까.

아까 내가 네 앞에 '뿅' 하고 나타났을 때, 내가 기행 일기의 결정판이라고 했던 말 기억하지? 난 박지원이 '열하'라는 곳을 여행하면서 보고 듣고 겪은 일들을 기록한 기행 일기야. 열하는 옛날 중국의 한 지역인데, 그곳이 어디이고 박지원이 왜 그곳까지 여행을 떠나게 되었는지는 차차 설명해 줄게.

나를 쓴 박지원은 조선의 실학자야. 실학자는 책상 앞에 앉아 옛사람들의 학문만 공부하는 것에서 벗어나 현실적인 경제 문제나 과학, 기술, 문학을 연구한 사람들이야. 실학자들은 조선이 변화해야 한다고 여겼어. 그래서 조선의 변화에 도움이 된다면 외국의 새로운 학문이나 기술, 물건을 조선에 들여오는 데 적극적이었지.

박지원은 실학자 중에서도 특히 이름을 떨친 사람이야. 그런 박지원에게 열하 여행은 엄청난 자극이 되었지. 박지원은 여행에서 겪은 경험들을 하나라도 놓치거나 잊어버릴까 봐 열심히 일기로 기록했어.

자, 이쯤에서 기행 일기가 어떤 일기를 뜻하는지 짐작이 가지? 맞아, 기행 일기는 여행을 시간 순서대로 기록하고 그때그때 느낀 것을 풀어내는 일기야.

네가 여행을 떠나거나 나들이를 갔다면, 또는 평소에 가지 않던 곳을 가게 되었다면 기행 일기를 써 봐. 1년이 지나도, 10

년이 지나도 네가 일기를 쓴 그날 하루에 무엇을 보고 느꼈는지 생생하게 기억날 테니까.

오! 방금 네가 조금 솔깃해진 표정을 짓는 걸 봤어. 좋아! 이제 나만 믿고 책장을 한 장 한 장씩 넘겨 봐. 마지막 장을 넘길 때쯤이면 분명 기행 일기 쓰기에 자신감이 생길 거야.

자, 이제 크게 숨을 들이마시고, 다음 장을 넘기는 거야! 하나 둘 셋, 휘리릭!

박지원을 만나다

기행 일기 쓰는 법을 배우기 전에, 나 <열하일기>를 세상에 내놓은 박지원에 대해 먼저 알아야겠지? 박지원이 어떤 사람이고, 어떻게 해서 나를 쓰게 되었는지 살펴보면 기행 일기인 나를 좀 더 잘 알게 될 거야. 지금부터 박지원이 살던 때로 순간 이동할 테니, 잘 따라오라고! 얍!

호기심이 많은 아이

뚝딱뚝딱! 쿵쿵!

지금은 조선 시대. 어디에선가 시끄러운 소리가 들려와.

"어이! 조심 좀 하라고! 기왓장 깨지겠어!"

"네, 조심하고 있다고요."

이곳은 집을 수리하느라 한창 소란스러워. 그런데 저기, 한쪽 구석에서 한 아이가 꼭 재미있는 장난감이라도 구경하듯이 눈을 반짝이며 서 있어. 뭐가 그리 재미있는지 집이 지어지는 광경에서 눈을 떼지 못하고 있지.

"지원아, 또 집 짓는 걸 구경하고 있는 거니?"

지나가던 마을 어른이 아이에게 물었어. 지원이라고 불린 아이는 빙그레 웃으며 고개를 끄덕였지.

"집 짓는 게 뭐가 그리 재미있다고 매일 저렇게 나와서 구경하는지 모르겠네."

마을 어른은 고개를 절레절레 저으며 지원의 머리를 쓱 쓰다듬어 주고 갈 길을 갔어.

그래, 집이 지어지는 것을 신기해하고 재미있어 하는 이 아이가 나중에 바로 나, 〈열하일기〉를 쓰게 될 실학자 박지원이야.

박지원은 어릴 때부터 호기심이 많았어. 또 무엇이든 원리가 이해될 때까지 자세히 관찰했지. 어린 박지원이 집 짓는 모습을 매일매일 구경했던 이유도 집을 어떻게 만드는지, 사람들이 어떤 도구를 써서 집을 짓는지 궁금했기 때문이야.

'아하, 이렇게 저렇게 하면 집을 지을 수 있는 거구나.'

박지원은 시간이 걸리더라도 이렇게 깨닫고 배우는 게 좋았어. 그리고 책이든 물건이든 원리가 완전히 이해될 때까지 파고들었어. 남들 눈에는 이런 박지원이 책 읽는 것도 더디고 배움도 느린 것처럼 보였지.

하지만 박지원의 할아버지는 어린 손자가 얼마나 관찰력이 뛰어나고 기억력이 좋은지 잘 알고 있었어.

1741년, 박지원이 다섯 살 되던 해의 일이야. 할아버지가 경기도 관찰사에 임명되면서 할아버지만 가족과 떨어져 따로 관아에서 생활하게 되었지.

"할아버지, 새로 머무시게 될 관아가 어떤 곳인지 궁금해요. 저도 따라가도 될까요?"

"먼 길은 아니지만, 이제 다섯 살인 네가 걷기에는 힘든 길일 텐데, 그래도 따라오겠느냐?"

할아버지는 사랑하는 손자가 따라와 준다는 말에 내심 좋으면서도 한편으로는 한 시간이 넘는 길을 걸어야 할 것이 걱정되어 물었지. 박지원은 빙그레 웃으며 씩씩하게 대답했어.

"저는 오히려 새로운 길을 걸으며 구경할 생각에 없던 기운도 나는걸요!"

"허허, 고 녀석, 말 한 번 기운차게 하는구나. 오냐, 조심해서 따라오너라."

꼬마 박지원은 할아버지 일행을 따라 열심히 걸었어. 가는 길에 마주치는 꽃과 새들, 곤충들이 모두 새롭게 보였지.

새로운 동네의 시장에는 신기한 물건들이 많았어. 전국을 떠돌며 물건을 파는 보부상들이 저마다 신기한 물건들을 펼쳐 놓고 사람들을 끌어모으기 위해 목청 높여 소리쳤지. 그런 것들이 박지원의 눈에는 세상 무엇보다 신기하고 재미있는 구경거리였어.

마침내 관아에 도착한 할아버지가 걱정스러운 마음에 박지원에게 물었어.

"오는 길이 지루하지는 않았더냐?"

그러자 박지원이 한껏 들뜬 목소리로 대답했어.

"지루하긴요! 이것저것 신기한 것들을 많이 봐서 오늘 저녁은 안 먹어도 배가 부를 정도예요, 할아버지."

박지원의 말에 할아버지는 껄껄껄 웃고 말았지.

박지원의 관찰력과 기억력은 다음 날부터 빛을 발했어. 가족과 함께 사는 집에서 눈을 뜬 박지원은 아침 일찍 할아버지가 머무는 관아까지 걸어와 인사를 드렸거든.

혼자 찾아온 박지원을 보고 할아버지는 크게 놀라서 주위를 두리번거렸어.

"설마 너 혼자 온 게냐?"

"네, 너무 이른 아침이어서 어머니, 아버지는 아직 주무실 때라 저 혼자 왔어요."

할아버지는 놀라서 입이 떡 벌어졌어. 왜 아니겠어? 이제 다섯 살밖에 되지 않는 어린 박지원이 벌써 새로운 길을 익혔다

알아 두면 좋은 지식

조선 시대에는 일본과 중국의 침략으로 임진왜란, 정묘호란, 병자호란이라는 큰 전쟁들을 겪었다. 1700년대, 영조와 정조는 상공업이 발달해야 나라의 살림이 펴지고 안정될 것이라고 생각해서 상공업을 발달시키기 위해 여러 제도를 마련했다. 1791년, 정조가 신해통공을 실시하면서 사람들은 나라의 허락을 받지 않고 자유롭게 장사를 할 수 있게 되었고, 시장도 크게 늘었다.

는 사실을 너라면 한 번에 믿을 수 있겠니?

'허허, 그렇게도 쉴 틈 없이 주위를 두리번거리며 살펴보고 기억에 담아 두더니, 어느 틈에 길을 다 외운 것이로구나. 내 손자지만, 정말 신통하다, 신통해.'

할아버지는 고개를 끄덕거렸지. 어린 박지원의 관찰력은 이렇게 무럭무럭 자라고 있었어.

공부방을 짓다

"할아버지, 간밤에 별일 없이 평안하셨는지요?"

"지원이가 왔구나. 오냐, 너도 잘 잤느냐?"

"네, 할아버지!"

한 시간이 넘는 길을 걸어서 왔다는 게 느껴지지 않을 정도로 박지원의 목소리는 힘이 넘쳤어. 하지만 할아버지는 어린 손자가 매일 아침 먼 길을 오가는 것이 늘 마음에 걸렸지.

"관아 근처에 가족들이 살 집을 하나 구하시는 게 어떨지요?"

때마침 어린 박지원을 딱하게 여긴 관아 사람이 할아버지에게 물었어.

욕심이 없고 검소하기로 유명한 할아버지였지만, 어린 박지원을 위해 할아버지는 그렇게 하기로 결정했지.

이렇게 해서 박지원의 가족은 관아 근처로 이사하게 되었어. 그런데 이사할 집이 많이 낡아서 여기저기 고쳐야 할 곳이 많았지. 이사하기 전에 가족들은 낡은 집을 수리하기로 했어. 박지원은 호기심 어린 눈으로 동에 번쩍 서에 번쩍 움직이며 집을 수리하는 모습을 지켜보았지.

집수리가 끝나서 박지원의 가족이 새로운 집으로 이사한 지 얼마 안 되었을 때였어.

"계십니까? 저는 이 동네에 사는 박 씨라는 사람인데, 지원이 아버님을 만나 뵙기 위해 왔습니다."

아버지는 갑작스러운 방문에 어리둥절했지만, 일단 예의를 갖춰서 손님을 맞았어.

"내가 지원이 아버지 되는 사람입니다만, 무슨 일로 찾아오셨는지요?"

"이 댁 아드님이 학문이 깊고 영특하다는 소문을 들었습니다. 제게도 아들이 하나 있는데, 아드님이 공부할 때 옆에서 같이 공부해도 괜찮을지요?"

아버지는 깜짝 놀랐어. 박지원 가족이 이사 온 동네는 원래 살던 동네에서 한참 떨어진 곳이었거든. 이사 온 지 얼마 되지도 않았는데, 벌써 박지원에 대한 소문이 온 동네에 쫙 퍼진 거야.

"허허허, 어려울 것 없으니 그렇게 하시지요."

소식을 들은 어린 박지원은 뛸 듯이 기뻤어. 드디어 새로운 친구가 생긴 거니까. 풀, 나무, 곤충 구경도 재미있지만, 친구랑 같이 노는 게 더 재미있거든.

한 해, 두 해 지나면서 박지원의 곁에는 같이 공부하려는 친구들이 여러 명 모이게 되었어. 박지원과 친구들은 아버지가 마련해 준 공부방에서 서로 장난도 치고 이야기도 나누며 학문을 쌓아 갔지.

"야, 저리 좀 가. 이러다가 네 엉덩이가 내 얼굴에 닿겠어!"

"어유, 너나 저리 좀 가. 하도 붙어 있어서 네 발냄새가 진동하잖아."

어떤 상황인지 짐작이 가니? 박지원과 함께 공부하려는 친구들이 많아지면서 공부방이 너무나 비좁아진 거야.

"휴, 방이 좁으니 서로 짜증만 늘고, 공부는 안 되는구나. 애들아, 더 넓은 공부방이 필요하지 않니?"

"공부방이 넓으면 좋지. 하지만 그런 곳은 없잖아."

"없으면 만들면 되지. 우리 손으로 공부방을 새로 만드는 거야."

박지원의 말에 놀란 친구들 입이 떡 벌어졌지. 그러다가 한꺼번에 웃음을 터뜨렸어. 다들 박지원이 농담을 하고 있다고 생각한 거야.

박지원은 친구들이 웃거나 말거나 진지한 표정으로 말했어.

"예전에 집수리하는 걸 몇 번 본 적이 있어. 그때 집의 구조를 어느 정도 터득했지. 물론 공부방을 짓기에는 부족한 부분이 있을 수도 있을 거야. 하지만 그런 점은 배워서 해결하면 될 거야."

박지원의 진지한 말에 친구들은 웃던 것을 멈추었어. 그제야 박지원의 말이 농담이 아니라는 걸 알아차린 거야.

"우리가 공부방을 지을 수 있을까?"

"할 수 있어. 집에 대해 알고 있으니, 이번 기회에 실제로 집을 지어 보자."

박지원의 말에 친구들도 할 수 있을 것 같다는 용기가 생겼어. 다들 주먹을 불끈 쥐고 외쳤지.

"좋아! 우리도 힘을 보탤게. 무엇이든 맡겨만 줘."

이렇게 해서 박지원과 친구들은 어른의 힘을 빌리지 않고 공부방을 짓기 시작했어. 어른들은 위험하다며 걱정했지만, 박지원의 관찰력과 기억력, 영특함을 믿는 할아버지는 공부방을 짓도록 허락했지.

박지원은 친구들에게 무엇을 어떻게 해야 할지 알려 주면서 공부방을 열심히 지었어. 기둥을 세우고, 지붕이 될 서까래를 얹으며 공부방의 틀을 잡아 나갔지. 모르는 부분은 책을 읽으며 공부했어. 수백 번의 망치질과 나무 기둥 나르기를 반복한 끝에 드디어 공부방이 완성되었어.

'저러다가 힘들다며 그만두겠지.'라고 생각했던 어른들은 깜짝 놀라서 너도나도 공부방을 구경하러 몰려들었지.

"대단하다, 대단해. 어찌 공부방을 지을 생각을 했느냐?"

공부방을 바라보며 감탄하던 마을 어른이 박지원의 어깨를 두드리며 물었어. 박지원은 씩 웃으며 이렇게 말했지.

"집에 대해 잘 알고 있으니 실제로 집을 만들어 보고 싶었어요. 아는 것이 있어도 실제로 실천해 보지 않으면 제대로 알고 있는지 알 수가 없으니까요."

박지원의 어른스러운 대답에 마을 어른은 혀를 내둘렀지.

박지원과 친구들은 새로 지은 공부방에서 더욱 학문에 열을 올렸어.

가야 할 길을 깨닫다

1752년, 박지원의 집은 사람들로 넘쳐나고 있었어. 열여섯 살이 된 박지원이 혼례를 올리는 중이거든. 신부는 시골에 묻혀 사는 이름 높은 선비 이보천의 딸이었어.

혼례가 끝난 뒤, 이보천은 박지원의 할아버지에게 넌지시 물었어.

"지원이가 저리도 총명한데 어찌하여 학문을 더 깊이 가르치지 않으시는지요?"

"학문이 깊어지면 벼슬자리에 욕심이 나겠지요. 벼슬에 오르면 너나없이 편을 갈라 싸우는 당파 싸움에 휘말리게 되지 않겠습니까?"

"그런 이유로 저리도 영특한 아이에게 더 깊고 넓은 학문의 길을 열어 주지 않는 것은 잘못입니다. 마침 제 동생 이양천이 문장가로 이름이 높으니, 허락해 주신다면 지원이를 저희 집으로 데려가 학문을 가르치도록 하겠습니다."

박지원의 할아버지와 아버지는 이보천의 말에 고민이 깊어졌어. 사실 할아버지는 당파 싸움이 싫어서 벼슬길을 마다하다가 집안 살림이 어려워져서 어쩔 수 없이 관직에 오른 거였거든. 아버지도 그런 할아버지의 뜻을 이어받아 벼슬길을 마다하고 공부에 전념하며 살아온 터였어.

알아 두면 좋은 지식

조선 시대에는 오늘날의 정당처럼 뜻을 같이하는 정치 세력이 모인 붕당이 있었다. 이런 붕당들은 정치적인 입장에 따라 파벌이 나뉘었는데, 이것을 '당파'라고 한다. 영조가 다스리던 시대에는 사도 세자의 죽음 때문에 노론과 소론, 남인 등으로 나뉘어 당파 싸움이 극심했던 시기였다.

이보천의 말에 할아버지도, 아버지도 괜한 고집으로 박지원이 재주를 살리지 못하는 것이 아닌가 하는 안타까운 마음이 들었어.

"좋습니다. 지원이를 데려가시지요. 학문이 깊고 넓어지면 나라를 위해 일할 수 있는 길이 새로이 열리겠지요."

이렇게 해서 박지원은 혼례를 올린 지 얼마 안 되어 아내와 함께 이보천의 집에서 살게 되었어. 이보천은 자신의 동생 이양천에게 박지원을 보냈지.

이양천은 뛰어난 문장가이자 학자답게 박지원의 영특함을 알아보았어. 특히 박지원이 공부를 하며 틈틈이 쓴 글들을 읽을 때는 눈이 번쩍 뜨였지.

'혼자 배운 아이가 이 정도의 글을 쓰다니, 재능이 놀랍구나.'

이양천은 박지원을 제자로 두고 우리나라와 중국의 역사, 문장 짓는 법에 대해 두루 가르쳤어. 박지원은 스펀지가 물을 빨아들이듯 이양천의 가르침을 머릿속으로 빨아들였어. 그러면서 새로운 책이라면 어떻게든 구해서 밤낮으로 읽으며 글을 썼어. 글을 쓰는 능력도 쑥쑥 늘었지. 그러다 보니 세상을 위해

할 일이 무엇인지에 대한 고민도 점점 깊어졌어.

어느 날, 박지원은 여느 때처럼 대청마루에 앉아 앞으로 무엇을 해야 할지 고민하고 있었어. 그 모습을 본 하인이 다가와 말했지.

"서방님, 오늘도 고민이 많으십니까?"

"허허, 그래 보이는가? 학문을 해도 백성을 위해 쓰지 못하니 고민이 가실 날이 없구먼."

"그럼 머리도 식히실 겸, 제가 광문이라는 거지 이야기를 좀 해 드려도 될는지요?"

순간 박지원의 귀가 솔깃해졌어. 박지원이 얼마나 호기심 많은 사람인지 너도 알고 있지? 거지 이야기라니, 얼마나 재미있는 이야기일지 기대가 되었지.

"시장에 광문이라는 거지가 있는데, 얼굴이 흉측하게 생겨 사람들에게 무시당하기 일쑤였죠. 어느 날 거지 무리에서 돌보던 어린아이가 죽었는데, 거지들은 광문이가 아이를 죽였다고 오해해 흠씬 매를 때렸답니다. 하지만 사실 오갈 데 없는 아이를 정성껏 돌보아 주던 사람은 광문이뿐이었어요. 광문이로서는 참으로 억울한 일이었지요. 그런데도 광문이는 버려진 죽은 아이의 시신을 동네 한구석에 잘 묻어 주었답니다."

순간 번개가 치듯 박지원의 머릿속이 밝아졌어.

'아니, 배운 것 없는 한낱 거지가 사람의 도리를 알고 그것을 실천하다니! 학문이 깊다고 스스로 자만하면서도 세상이 썩은 것만 탓했던 나 자신이 부끄럽구나.'

다음 날, 박지원은 하인과 함께 거리로 향했어. 이유는 짐작이 가지? 맞아. 거지인 광문을 직접 만나고 싶었기 때문이야.

박지원이 시장 거리에 도착하자 때마침 동네 사람 둘이 서로 치고받고 싸우고 있었어. 두 사람은 서로 네가 잘못했다며 윽박질렀지.

그때 어디에선가 얼굴이 흉측하게 생긴 거지가 나타났어. 광문이라는 거지였지. 광문은 이렇게 소리쳤어.

"어르신들, 제발 주먹질은 저에게 해 주십시오!"

그러자 한창 싸움에 열을 올리던 두 사람이 놀라서 광문을 쳐다보았어.

"뭐라고?"

"싸우시는 걸 말릴 생각은 없습니다. 그저 분이 풀릴 때까지 저를 때려만 주십시오."

어리둥절해진 두 사람이 서로 잡은 멱살을 놓고 물었어.

"장난하는 건가? 우리가 왜 죄 없는 자네를 때리겠나?"

"제가 잘못이 많아서 그렇습니다. 얼마 전에 한 아이가 죽었는데, 저는 그 아이를 살리지 못했어요. 그러니 죄를 지은 만큼 매를 맞고 싶습니다."

눈물을 뚝뚝 흘리는 광문의 모습에 두 사람은 서로 네가 잘못했다고 핏대를 올리며 싸운 것이 머쓱해졌어. 두 사람은 싸우던 것을 멈추고 광문을 위로했지.

박지원은 그런 광문을 보며 크게 감동했어.

'나랏일을 하는 자들은 서로 잘났다고 권력 싸움을 벌이고 있는데, 거지인 광문은 스스로 잘못을 말하고 자책하고 있지 않은가. 아, 인간의 도리를 알고 그것을 실천하는 데는 양반이나 거지나 구별이 없구나. 이런 깨달음을 세상에 알려야 많은 사람이 본받을 텐데…….'

박지원은 자신이 해야 할 일이 무엇인지 비로소 깨달았어.

그길로 집에 돌아온 박지원은 광문 이야기를 소설로 쓰기 시작했지.

1755년, 박지원은 짧은 소설인 〈광문자전〉을 세상에 펴냈어. 〈광문자전〉은 순식간에 사람들 사이로 퍼져 나갔지. 두세 사람만 모여도 〈광문자전〉 이야기를 하며 거지가 양반보다 낫다고 수군거렸어.

박지원은 글이 사람들에게 깨달음을 줄 수 있다는 걸 피부로 느꼈어. 머리로 알고 있었던 사실을 이렇게 글로 쓰고 나니 느끼고 깨닫는 바가 남달랐던 거야.

'그래, 글을 쓰자. 글로써 사람들에게 깨달음을 주는 것이 내가 해야 할 일이다!'

박지원은 붓을 쥔 손에 힘을 주었어. 앞으로 가야 할 길을 이제 막 깨달은 순간이었지.

양반을 꼬집다

 1760년, 박지원의 할아버지가 세상을 떠났어. 할아버지는 박지원이 어렸을 때부터 재능을 알아보고 인정해 주었던 어른이었지. 박지원은 할아버지의 묘 앞에서 몇 날 며칠을 통곡했어.
 '흑흑, 할아버지! 할아버지의 가르침을 이제 막 깨우치려는데, 이렇게 세상을 떠나시다니요! 저 하늘 위에서 제가 가는 길을 지켜봐 주세요.'
 박지원은 마음을 다잡고 세상을 알기 위해 길을 떠났어. 정처 없이 떠돌아다니며 백성들이 사는 모습을 지켜보고 이야기를 나누었지. 날씨가 화창하면 백성들은 가뭄을 걱정했어. 농사를 짓지 않고 백성들의 삶을 살펴보지 않는 양반들은 생각할 수 없는 부분이었지. 박지원은 쉼 없이 돌아다니며 깨달음을 얻었어.

이렇게 정처 없이 떠돌다 보니 잠자리가 마땅치 않은 날이 많았어. 그럴 때면 눈에 보이는 대로 아무 집이나 찾아가 하룻밤 신세를 졌지.

"어느새 밤이 이리 깊었구나. 오늘은 또 어디에서 하룻밤 신세를 져야 할까?"

박지원은 혼잣말로 중얼거리며 어느 집 앞에 섰어. 대문 위에는 '석실 서원'이라는 이름이 크게 쓰여 있었지. 석실 서원은

알아 두면 좋은 지식

서원은 조선 초기에 유학을 발전시키는 데 큰 공을 세운 유학자에게 제사를 지내기 위해 세운 건물이다. 조선 시대 선비들은 서원에 모여 유학을 공부했고, 나라에서는 서원을 관리하는 데 필요한 돈을 지원해 주었다. 그러나 조선 후기에는 서원을 중심으로 파벌이 나뉘는 등 폐해가 심해졌다.

병자호란 때 공을 세운 김상용과 김상헌 형제를 기리기 위해 세운 집으로, 선비들이 모여 학문을 배우는 곳이었어.

박지원은 뜻깊은 곳에서 하룻밤을 묵을 수 있게 되었다고 내심 좋아했어.

"계십니까?"

박지원의 부름에 대문이 열리고 하인이 얼굴을 내밀었어. 박지원의 사정을 들은 하인은 대문을 활짝 열어 주었지.

하인을 따라 들어간 박지원이 방에서 짐을 풀고 있을 때, 누군가가 방문 밖에서 헛기침 소리를 내었어.

"뉘시오?"

"난 홍대용이라 하오. 혹시 〈광문자전〉으로 세상에 이름을 낸 박지원이 아니시오?"

하인에게서 어떤 손님이 왔는지 이야기를 들은 홍대용이 박지원을 찾아온 거야. 박지원은 놀라서 방문을 열었어.

"어찌 저를 아십니까?"

"하하, 비록 시골 서원에 묻혀서 학문을 닦고 있지만 세상 사정에는 늘 관심을 두고 있지요."

　박지원은 호탕하게 웃는 홍대용이 마음에 들어서 서둘러 방 안으로 맞아들였지. 알고 보니 홍대용 역시 박지원처럼 벼슬에 오르지 않고 학문 닦는 데에만 열중하며 살고 있었어.
　두 사람은 백성들의 피땀으로 잘 먹고 잘사는 양반들에 대해 이야기하며 밤을 지새웠어. 홍대용은 박지원보다 여섯 살이 더 많았지만, 두 사람은 마음이 잘 맞았어. 홍대용은 과학 기술을 중요하게 여겼고, 천문학에도 관심이 많았어. 뒷날 천체의 움직임과 위치를 관측하는 혼천의와 자명종까지 만들었지.

이날부터 박지원과 홍대용은 둘도 없는 친구가 되었어. 박지원은 유랑 생활을 끝낸 뒤에도 홍대용을 자주 찾아가 양반들의 문제를 꼬집었지.

"양반들은 돈이 없으면 그저 손 놓고 굶기를 밥 먹듯이 합니다. 양반도 땀 흘려 농사를 짓거나 장사를 하거나 물건을 만들어야 해요."

"맞는 말일세. 양반이라도 놀고먹어서는 안 되지. 또 농부나 장사꾼의 아들도 재능이 있고 학문이 깊다면 벼슬을 할 수 있게 해야 할 것일세."

두 사람의 생각은 이렇게나 쌍둥이처럼 닮아 있었어.

홍대용과 이야기를 나눌수록 박지원의 생각은 점점 더 뚜렷해졌어. 바로 양반들이 백성들의 피땀으로 얼마나 특권을 누리며 살고 있는지, 또 얼마나 무능한지를 글로써 꼬집어 세상에 알려야겠다고 생각한 거야.

이때부터 박지원의 소설 쓰기가 본격적으로 시작되었어. 가장 대표적인 작품이 1764년에 펴낸 〈양반전〉이야. 사람들은 너도나도 〈양반전〉을 읽으려고 했지. 박지원이 쓴 소설이 재미있다는 걸 이미 다들 알고 있었거든.

〈양반전〉은 엄청난 인기를 끌었어. 〈양반전〉의 내용이 궁금하지 않니? 지금부터 그 내용을 살짝 알려 줄게.

어느 마을에 일은 하지 않고 글만 읽으며 평생을 살아온 양반이 있었어. 집에 돈이 없으니 일을 하라고 해도, 그 양반은 양반 체면에 일은 할 수 없다고 했지.

그러다 빌린 곡식을 갚지 못해 감옥에 갇히자 그 소식을 들은 부자가 양반을 찾아왔어.

"저는 재산은 많으나 양반 신분이 아닌 것이 한입니다. 제가 곡식을 대신 갚아 드릴 테니, 양반 신분을 제게 파시는 게 어떻겠습니까?"

"오, 좋소!"

그렇게 해서 부자는 관청으로 가서 곡식을 대신 갚고 양반이 되었다는 증서를 받았지. 관청에서는 부자에게 양반이 해야 할 일을 알려 주었어.

"배가 고파도 참고, 급한 일이 있어도 뛰지 말고, 물건을 살 때도 물건값을 묻지 말아야 하오."

부자는 어이가 없어 입을 떡 벌렸어.

"또 양반은 이웃의 소를 끌어다 자기 밭을 갈게 하고, 다른 집 일꾼을 잡아다 자기 집 일을 시키며, 심심하면 노비에게 물을 부어도 아무도 뭐라 하지 못할 것이오."

그러자 부자는 소리를 꽥 지르며 관청을 뛰쳐나갔어.

"그만두시오! 그게 도둑놈이지 사람이오? 그런 양반이라면 난 양반 되기 싫소!"

하하하, 어때? 정말 통쾌한 이야기지? 사람들은 양반을 시원하게 꼬집은 박지원의 풍자 소설을 좋아했어. 박지원은 계속해서 소설을 써냈어. 그러면서 박지원의 이름은 학자들 사이에서도 점차 퍼져 나갔지.

뜻을 같이하다

1766년, 어느덧 박지원은 서른 살이 되었어. 그사이 첫째 아들이 태어나면서 박지원은 아들 보는 재미에 흠뻑 빠져 글쓰기는 뒷전이 되었지.

'세상과 백성을 위해 뭔가를 해야겠다던 결심을 모조리 잊고 편한 생활이 빠져 있었구나. 이래서는 안 되겠어.'

박지원은 친구들과 돈을 모아 글쓰기에 전념할 수 있는 곳을 마련했어. 작업실 근처에는 흰 대리석으로 지어진 십층 석탑이 있었지. 동네 사람들은 하얗게 보이는 탑이라고 해서 십층 석탑을 '백탑'이라고도 불렀어.

박지원이 작업실에서 다시금 글쓰기에 몰두하자 박지원처럼 시골에 묻혀 살며 학문을 닦던 사람들이 날마다 작업실로 박지원을 찾아왔지. 이덕무도 그런 사람 중 하나였어. 이덕무는 서얼 출신이라서 사실 양반은 아니었지만, 박지원은 여러 방면으로 아는 것이 많은, 재능 있는 친구라며 이덕무를 아꼈어.

이덕무가 박지원에게 물었어.

"형님, 얼마 전에 영특한 친구를 한 명 알게 되었는데, 소개시켜 드려도 되겠습니까? 그 친구가 입만 열면 형님 얘기를 해서요."

"나에게 이야기를 들려주고 생각을 깨우쳐 줄 인재라면 언제

알아 두면 좋은 지식

조선 시대에는 양반 남자와 정실 아내가 아닌 여자와의 사이에서 태어난 자식을 서얼(서자)이라고 부르며 양반과는 달리 차별했다. 서얼은 재능과 학문이 깊어도 과거를 볼 수 없었다. 하지만 영조와 정조가 인재를 고루 쓰기 위해 펼친 탕평책이라는 정책으로, 서얼도 재능이 있으면 벼슬길에 오를 수 있게 되었다.

든지 두 팔 벌려 환영일세. 그게 누군가?"

이덕무는 박지원의 대답에 말없이 빙그레 웃었어.

다음 날 이덕무는 한 청년을 박지원의 작업실로 데려왔지. 청년은 이제 갓 스무 살쯤 되어 보였어.

"박제가라고 하옵니다."

"허허허, 어서 오시오"

박지원이 버선발로 달려 나가 맞이하자 박제가의 눈이 휘둥그레졌어.

"저처럼 보잘것없는 서얼을 이리도 맞아 주시다니요."

"서얼이든 아니든 그게 다 무슨 소용이오. 자, 어서 안으로 들어갑시다."

박지원은 박제가의 등을 떠밀며 작업실로 들어갔어. 박제가는 들고 온 보따리를 풀었지. 그 속에는 박제가가 쓴 글들이 잔뜩 들어 있었어. 어린 시절부터 뛰어난 학식으로 이름이 난 박제가였지만, 서얼이라서 관직에는 오르지 못한 처지였지.

"아이고, 형님! 입이 귀에 걸린 걸 보니 마음을 빼앗긴 게로군요!"

곁에 있던 이덕무가 웃으며 말하자 그제야 박지원은 종이에서 눈을 들어 박제가를 바라보았어. 박제가의 눈빛에는 영특함이 어려 있었지.

박지원은 박제가의 글에서 좋은 점과 고칠 점을 하나씩 짚어 주었어. 박제가는 드디어 평생의 스승을 만난 것 같아서 가슴이 콩닥거렸지.

"스승님! 제가 스승님으로 모셔도 될는지요?"

"스승이라니, 그게 무슨 소린가. 자, 지금부터 뜻이 맞는 친구로 지내기로 하세."

박제가는 뜻만 같다면 나이는 상관없이 벗을 삼는 박지원의 태도에 또다시 감동했어.

이렇게 박지원의 작업실에는 세상을 위해 무엇을 해야 할지 고민하는 학자들이 모여들었어. 사람들은 그런 학자들을 '백탑파'라고 불렀지.

박지원과 친구들은 특히 청나라의 문물에 관심이 많았어. 백성들이 살아가는 데 도움이 되려면 기술이 발전해야 하는데, 그런 발전된 기술은 서양에서 전해 온 것이 많았어. 서양 기술은 주로 청나라를 통해 조선에 소개되었지. 또 청나라에는 서양에서 들여온 책도 많았어.

'청나라를 한번 가 보고 싶구나. 그곳에 가서 직접 눈으로 보면 백성을 위해 무엇을 해야 할지 알 수 있을 텐데.'

친구들과 앞선 문물에 대해 연구할수록 청나라를 가 보고 싶다는 박지원의 바람은 점점 더 간절해졌어.

연암골의 농부가 되다

　백탑파의 연구가 깊어질수록 박지원의 집안 살림은 점점 더 어려워졌어.

　'아, 백성이 문제가 아니다. 이러다가는 내 가족이 굶어 죽겠구나.'

　박지원은 결국 과거 시험을 보기로 마음먹었어.

　과거 시험이 열리는 날, 박지원이 도착한 시험장은 그야말로 아수라장이었어. 돈을 받고 대신 시험을 치러 온 사람들, 돈을 주고 남의 답안지를 베껴 쓰려고 기웃거리는 사람들, 돈을 받고 그런 짓을 눈감아 주는 사람들로 과거 시험장은 소란스러웠지.

박지원의 입에서는 저절로 탄식이 새어 나왔어.

'이런 사람들과 섞여 과거 시험을 보고, 관직에 나아가려 했던 내가 잘못이다.'

박지원은 입술을 깨물고 종이에 과거 시험 문제의 답안 대신 소나무를 그려 넣었어. 왜 소나무를 그린 걸까? 소나무는 겨울이 와도 늘 푸르잖아? 아무리 더러운 세상 속에 있어도 절대로 물들지 않겠다는 뜻을 밝힌 거야.

과거 시험장에서 뛰쳐나온 박지원은 가족들을 불러 모았어.

"집안의 가장으로서 제대로 먹여 살리지 못해 미안하오. 앞으로 농사라도 지어 볼 생각이오. 좋은 땅을 찾아볼 테니 조금만 기다려 주오."

"서방님, 양반이 농사라니요. 남들이 손가락질하지 않겠습니까?"

"내 가족이 굶는데 양반 체면이 다 무엇이오. 좋은 땅을 찾아서 금방 돌아오겠소."

박지원은 그길로 농사지을 땅을 찾아 이곳저곳을 돌아다녔어. 그러다가 풍경이 아름답고 보기만 해도 평화로운 골짜기를

발견했어. 그곳의 이름은 '연암골'이었지.

연암골이 너무도 마음에 든 박지원은 자신의 호도 '연암'이라고 지었어. 지금 사람들은 박지원을 '연암 박지원'이라고 부르는데, 이때의 연암이 바로 연암골(지금의 황해도 금천에 있는 골짜기)에서 나온 이름이야.

박지원은 가족들을 모두 연암골로 불러들였어. 낮에는 농사

를 짓고, 밤에는 연암골을 찾아온 친구들이나 배움에 목마른 젊은이들과 학문을 연구했지.

이렇게 박지원이 연암골에서 농사일과 학문 연구로 바쁠 때, 영조가 세상을 떠나고 정조가 새로운 임금이 되었어. 정조는 서얼이라도 재능이 있으면 인재라고 여겨 나랏일에 쓰려고 했지. 정조는 규장각을 세워 많은 인재를 모았어. 덕분에 이덕무,

박제가, 유득공 같은 친구들도 벼슬길에 오르거나 청나라에 다녀올 수 있었어.

'이렇게 언제까지나 시골에 묻혀 몸 편히, 마음 편히 살 수는 없다. 그래, 다시 세상에 나가 내 할 일을 찾아보자!'

박지원은 가족들과 함께 다시 한성(지금의 서울)으로 떠났어. 그렇게 한성에 도착한 박지원에게 팔촌 형인 박명원의 편지가 날아들었어.

내가 이번에 축하 연행사 일행을 이끌고 청나라로 떠나게 되었으니, 자네도 함께 가면 어떠한가?

박지원은 뛸 듯이 기뻤어. 알고 보니 청나라 황제의 일흔 살 생일을 축하하기 위해 조선에서 축하 사절단인 연행사를 보내기로 한 거야. 연행사는 청나라 황제가 살고 있는 연경(지금의 중국 베이징)까지 갈 예정이었어.

'드디어 상업이 발달하고 활기가 넘친다는 청나라를 내 눈으

로 보게 되는구나!'

　1780년, 박지원은 박명원의 수행원이 되어 같이 떠나게 되었어. 몸종인 장복과 함께 말이야.

알아 두면 좋은 지식

조선 시대에는 종종 중국 청나라로 사신을 파견했다. 이렇게 조선에서 청나라로 보낸 사신을 '연행사'라고 불렀다. 연행사는 일 년에 많게는 네 번, 적게는 한 번 정도 청나라를 다녀왔다. 연행사가 청나라에 갈 때는 수행원까지 합하여 200~300여 명이 이동했고, 외교 문서 등의 중요한 문서와 조공을 위한 여러 물건들을 함께 가져갔다.

청나라로 떠나다

　연행사 일행은 5월에 출발했어. 북으로, 북으로 올라갔지. 그렇게 한 달여를 걷다 보니 드디어 압록강이 나타났어. 압록강은 조선과 청나라의 경계를 이루는 강이야. 압록강을 건너야 비로소 청나라 땅을 밟게 된다는 뜻이지.

　연행사 일행은 압록강 근처에 있는 의주관이라는 숙소에 며칠 동안 묵었어. 그러면서 청나라 황제에게 바칠 물건들이 도착하기를 기다렸지. 그런데 물건들이 모두 도착하는 데 꼬박 열흘이나 걸렸어. 더구나 장마가 시작되어 강물이 크게 불어나 있었지.

우르르릉! 쾅쾅쾅!

강물은 나무며, 바위며 가릴 것 없이 모든 것을 집어삼킬 기세로 거칠게 흘러갔어.

박지원은 그런 강물의 모습을 이렇게 기록했어.

비가 그친 지 사흘이 지났지만 이미 불어난 강물은 여전히 위험해 보인다. 강가의 모래 벌판은 자취도 없이 사라졌고, 나룻배를 댈 만한 곳도 보이지 않는다.
-6월 24일

박명원은 안절부절못했어. 만약 청나라 황제의 생일날까지 연행사 일행이 도착하지 못한다면 청나라 황제의 노여움을 사서 전쟁이 벌어질지도 모를 일이니까.

"며칠만 더 기다려 주십시오. 이대로 강을 건너다가는 배가 뒤집힐 것입니다."

"아닐세. 날짜를 맞추지 못하면 우리 목숨이 사라지는 것보다 더 큰일이 일어날 것일세."

박명원은 결단을 내리고 일행을 모았어. 사람들은 쏟아지는 비를 맞으며 배에 올라탔지. 수많은 사람들과 짐을 실은 배는 거센 강물 속에서 이리 휘청 저리 휘청거리며 앞으로 앞으로 나아갔어.

드디어 뭍에 뱃머리가 닿는 순간, 박지원은 마음속으로 작게 탄복했어.

'드디어 청나라 땅을 밟아 보는구나!'

하지만 박지원의 바람은 쉽게 이루어지지 않았지. 겨우겨우 압록강을 건넌 연행사 일행은 청나라로 들어가기 위해 그 뒤로도 사흘을 걸어야만 했으니까.

그렇게 연행사 일행은 청나라로 들어가는 첫 관문을 힘들게 만났어. 그 관문은 사람 키를 훨씬 넘는 나무 울타리 사이에 사람이나 수레가 다닐 만하게 나 있는 문이었어. 이런 문을 책문이라고 불렀는데, 이 문을 지나야 비로소 청나라의 땅을 밟을 수 있었지.

연행사 일행은 황제에게 바칠 물건들이 모두 도착할 때까지 책문 옆에서 잠시 쉬기로 했어.

청나라 사람들은 울타리 안쪽에 서서 연행사 일행을 구경하며 말을 걸었어. 연행사의 통역을 담당하는 역관과 말을 부리는 마부들도 청나라 사람들과 반갑게 이야기를 나누었지.

그러는 사이 박지원은 책문 사이로 마을 안쪽을 살펴보았어.

책문 사이로 안을 바라보니 백성들이 사는 집들이 높이 솟아 있고, 창문이 가지런하다. 또 거리는 곧게 뻗어 있어서 마치 먹줄을 친 것처럼 똑바르다. 담을 모두 벽돌로 쌓았고, 사람이 탄 수레와 짐 실은 수레가 길에 가득한데, 펼쳐 놓은 물건이 모두 그림을 그려 넣은 도자기다. 나의 벗 홍대용이 청나라를 다녀와서 "규모는 크고, 방식은 세밀하다."라고 하였는데, 이곳은 청나라의 변두리인데도 이리 번화하구나.

-6월 27일

박지원이 살던 때의 조선에서는 청나라를 오랑캐의 나라라며 무시했어. 하지만 박지원은 백성들에게 필요한 것은 무엇이든 열린 마음으로 보고 받아들여야 한다고 생각했지. 그러니 책문 너머로 잘 닦인 도로와 우뚝 솟은 집을 본 박지원이 어떤 생각을 했을지 짐작할 수 있겠지?

　그 뒤로도 연경에 닿을 때까지 박지원은 쉴 새 없이 청나라의 문물을 살펴보며 기록하기 바빴어. 깨진 기와 조각도 버리지 않고 포개어 담을 장식하는 데 쓰는 모습, 더러운 똥도 소중히 여기며 밭에 거름으로 뿌리는 모습들도 기록했지.

　'하나라도 더 써 놔야 한다. 안 그러면 이런 소중한 정보들이 모두 머릿속에서 사라지거나 왜곡될 테니…….'

　한번은 숙소에 머물며 숙소 주인이 온돌을 데우는 데 쓰고 남은 재를 청소하는 모습을 엿보며 청나라 온돌의

구조를 머릿속에 익히기도 했어. 그러면서 툭하면 갈라져 연기가 새어 나오는 조선의 온돌을 떠올리며 이런 기록을 남겼지.

굴뚝에 틈이 생기면 약간의 바람에도 아궁이의 불이 꺼진다. 우리나라 온돌은 항상 불은 내뿜지만 방이 골고루 덥지는 않은데, 그 문제가 굴뚝에 있다. …… 우리나라 사람들은 집이 가난해도 글 읽기를 좋아해서 겨울이 되면 글 읽는 수많은 형제들의 코끝에 고드름이 달릴 지경인데, 청나라의 온돌 구조를 배워서 한겨울에 고생을 덜었으면 좋겠다.

-7월 5일

〈열하일기〉를 쓰다

연행사 일행이 길을 나선 지 두 달이 지났어. 일행은 드디어 연경에 도착했지.

"뭐라고요? 황제께서 이곳에 안 계신다고요?"

"지금 황제께서는 여름 별장이 있는 열하(지금의 중국 청더)에 계십니다. 황제께서 말씀하시길, 잔칫날까지 열하로 오라고 하셨습니다."

지친 연행사 일행은 또다시 이동해야 한다는 말에 낙담했어. 열하는 주변에 온천이 많아 물이 얼지 않는다고 해서 붙여진 이름인데, 연경에서 160여 킬로미터나 떨어진 도시야.

박명원은 청나라 황제의 생일날에 맞춰 도착하지 못할 수도 있다는 불안감에 식은땀을 흘렸지.

"할 수 없구나. 잠을 잘 시간에도 걷고 또 걸어 열하까지 가는 수밖에."

여기저기에서 신음과 한탄하는 소리가 터져 나왔어. 박지원도 크게 실망했지. 하지만 여행 기간이 길어진다는 건 청나라를 보고 들을 기회가 더욱 많아진다는 뜻이기도 했어.

박지원은 두 달 넘게 청나라를 여행하면서 다양한 자연환경을 경험했어. 청나라가 넓다는 것은 알았지만, 이토록 변화무쌍하리라고는 예상하지 못했거든.

박지원에게 청나라 여행은 단순한 구경이 아니라 줄기차게 공부하는 과정이었어. 박지원은 열하까지 가는 내내 하나라도 더 보기 위해 눈을 크게 떴고, 본 것에 대해서는 열심히 기록하며 끊임없이 생각했어.

연행사 일행은 쉬지 않고 달려 황제의 생일잔치에 늦지 않게 겨우 열하에 도착했어. 황제가 묵는 궁궐은 크고 웅장했고, 시장 거리도 길이가 거의 5킬로미터나 됐어. 궁궐 안으로 들어가

보니 수레와 말들이 빽빽이 늘어서 있었어. 처음 보는 광경에 살아 있는 말들 같지 않아서 나무로 만든 말들이 아닌가 싶을 정도였지.

박지원이 다른 쪽으로 눈을 돌리니 금빛 건물이 번쩍거리며 눈을 어지럽혔어. 그때의 놀라운 광경을 박지원은 이렇게 기록했어.

별안간 두 눈이 어지러워진다. 금빛 건물이 번쩍여 제대로 바라볼 수가 없다. …… 연경에서도 정자 꼭대기에 금빛 호리병을 세운 것은 보았지만, 지붕 위에 금 기와를 올린 것은 처음 본다. 저 기와가 순금인지 도금인지는 알 수 없지만, 대전이며 다락, 문이 모두 금 기와이다. 여러 빛깔의 유리 기와도 금 기와에 비하면 보잘것없다.

-8월 11일

박지원은 황제의 생일잔치에 참석해서 코끼리나 낙타처럼

신기한 동물도 직접 보았어. 글로만 접했던 것들을 눈으로 보니 시야가 넓어지는 기분이었지.

또 박지원은 청나라의 학자들과 토론하는 데도 열심이었어. 서로 쓰는 말이 다를 텐데 어떻게 토론했느냐고? 박지원이 살던 때 조선은 한자를 썼거든. 청나라도 한자를 쓰니까 한자로 글을 쓰면 대화를 나눌 수 있었지. 박지원은 청나라에서 발전된 문물을 배웠고, 문화의 다양성을 인정하게 되었어. 때로는

청나라 학자들에 맞서 역사를 날카롭게 평가하고, 옳지 못한 제도를 비판하기도 했지.

　엿새가 지나자 드디어 청나라 황제로부터 연경으로 돌아가도 좋다는 말을 들었어. 박지원은 열하에 머문 엿새가 마치 꿈만 같았어.

　'청나라에 온 우리나라 사람들 중에 열하까지 여행 온 사람이 몇이나 되겠는가? 또 앞으로

도 몇 명이나 더 열하에 올 수 있겠는가?'

박지원은 자신이 보고 들은 것들이 얼마나 귀중한 자료가 될지 절절하게 느꼈어. 연경으로 돌아가는 중에도 반듯하고 매끄럽게 쌓은 성벽이나 말을 다루는 솜씨 등을 눈여겨보았지. 연경에 도착해서는 벽돌을 이용해 집을 지어 집집마다 모양이 반듯한 것과 깨진 벽돌도 버리지 않고 집의 모양을 내는 데 사용하는 것, 수레 바퀴가 튼튼해서 노인도 짐을 가득 실은 수레를 끌 수 있을 정도라는 것 등을 하나도 빠짐없이 일기에 기록했어. 그런 발전된 문물들이 조선에서 쓰이면 도움이 되리라고 생각한 거야.

먼 여행을 마치고 집으로 돌아온 박지원은 잠시도 쉬지 않고 청나라를 여행하며 썼던 일기들을 꺼내 정리하기 시작했어. 청나라 장사꾼, 학자들과 대화를 나누었던 기록들 중에서도 중요한 내용은 일기에 기록했지.

시간이 흐를수록 박지원의 마음속에는 상공업의 발달이 백성들의 삶을 풍요롭게 만들 수 있다는 확신이 차올랐어.

'청나라에서 보고 들은 것은 누구에게나 깨달음을 줄 것이

다. 이 기록들을 책으로 엮어 뜻있는 사람들의 생각을 넓혀 주리라.'

3년여가 흐른 뒤, 박지원의 희망을 담은 책이 드디어 세상 밖으로 나왔어. 바로 나, 〈열하일기〉가 태어난 순간이지.

알아 두면 좋은 지식

박지원을 포함한 연행사 일행이 생일을 축하하기 위해 열하까지 찾아가 만나려 했던 사람은 청나라 황제 건륭이었다. 건륭이 열하로 피서를 갈 때마다 황제를 만나기 위해 몽골, 티베트, 위구르 등에서 외교 사절단이 찾아와 늘 붐볐다. 하지만 조선의 연행사가 열하까지 찾아간 것은 이때가 처음이었다고 전해진다.

백성을 위하여

　이제 나에 대한 소개를 잠깐 할게. 나는 박지원이 쓴 기행 일기야. 말하자면 다양한 지식들이 담긴 백과사전이라고 보면 돼. 하지만 단순히 청나라의 신기한 풍경이나 문물만 기록되어 있는 것은 아니야. 박지원이 여행하면서 느끼고 깨달은 것들도 함께 기록되어 있으니까.

　나, 〈열하일기〉에는 박지원이 여행길에 쓴 〈허생전〉이나 〈호질〉 같은 소설도 들어 있어. 물론 박지원이 쓴 글이니까 모두 양반을 꼬집는 이야기라는 건 쉽게 알 수 있겠지?

　이제 사람들은 여기저기에서 내 이야기를 나누었어. 젊은이

들은 나를 베껴 쓰러 박지원을 찾아오기도 했지. 청나라의 신기한 풍물뿐만 아니라 박지원의 열린 생각과 자유롭고 기발한 글투에 놀란 거야.

놀랄 만도 했지. 양반들은 글을 쓸 때 중국의 옛사람들이 쓴 문장을 흉내 냈는데, 박지원은 그런 것에 얽매이지 않고 자신만의 글투로 새로운 생각이나 느낌을 자유롭게 표현했거든. 그래서 사람들은 이런 박지원의 글투를 '연암체'라고 부르며 좋아했어.

이제 젊은 선비들이 너도 나도 연암체를 본받아 자유롭게 글을 쓰기 시작했어. 글 속에는 그릇된 정치와 양반들을 향한 풍자, 해학이 담겨 있었지.

하지만 높은 벼슬자리에 있는 사람들은 박지원이 탐탁지 않았어. 정조는 이들을 달래기 위해 다음과 같은 명령을 내렸지.

"연암은 잡문을 버리고 옛사람들의 문장을 따르도록 하라."

비록 말은 그렇게 했지만, 인재를 아끼는 정조는 박지원처럼 유능한 사람을 나랏일에 쓰고 싶었어. 그래서 박지원을 토목 공사를 맡아보던 관청에서 일하게 했지.

박지원은 그 직책을 감사히 받아들였어. 청나라에서 보고 배운 건축 기술을 백성들의 생활을 위해 쓸 수 있는 기회였거든. 건물을 지을 때, 모양이 일정한 벽돌을 사용해서 건축 시간을 줄이고, 흙으로 쌓는 것보다 훨씬 튼튼하게 짓도록 했어.

정조는 박지원의 능력을 인정했고, 박지원의 지위도 점점 높아졌지. 그럴수록 당파 싸움에 박지원을 끌어들이려는 사람들도 늘어났어. 그때마다 박지원은 은근슬쩍 뒤로 물러났지.

몇 년 뒤 박지원은 한 고을을 맡아서 다스리는 현감이 되었어. 박지원은 고을에 내려가자마자 관청의 곡식을 몰래 빼돌리던 아전들을 혼쭐내 주었지. 또 농사를 짓는 백성들을 위해 저수지를 만들고 농기구도 제작했어. 그런 소문이 퍼지자 백성들은 욕심 없고 백성을 위하는 박지원을 마음속 깊이 존경하며 따르게 되었어.

박지원은 현감을 끝으로 벼슬을 그만두었어. 그 뒤부터 연암골과 한성을 오가며 남은 생을 보냈지.

비록 관직에서는 물러났지만 박지원은 백성들을 위한 고민을 멈추지 않았어. 물론 글쓰기도 멈추지 않았지.

그러던 1805년, 예순아홉 살이 된 박지원은 평온하게 눈을 감았어.

기행 일기, 이렇게 써 봐

박지원은 여행하는 내내 기록하고 또 기록했어. 만일 그렇게 틈틈이 기록하지 않았다면 아마 청나라 여행기는 박지원 머릿속에서 흔적만 남기고 사라졌을 거야.
너는 여행을 가거나 새로운 것을 보았을 때, 기록으로 남기고 있니? 아니라고? 그렇다면 너도 박지원처럼 멋진 기행 일기를 쓸 수 있도록 내가 도와줄게. 지금부터 기행 일기를 쓰기 전에 무엇을 준비해야 하는지 하나씩 살펴보기로 하자.

기행 일기가 뭐야?

기행 일기를 쓰려면 먼저 기행 일기가 어떤 일기인지 알아야겠지?

사실 이미 앞에서 여러 번 '기행 일기'라는 말을 했었는데, 막상 기행 일기가 무엇인지 정확하게 말해 준 적은 없는 것 같아.

좋아! '기행 일기'의 '기행'이 어떤 뜻인지 정확하게 알아보자! 자, '기행'이라는 말을 사전에서 찾아보았어.

기행(紀行): 여행하는 동안에 보고, 듣고, 느끼고, 겪은 것을 적은 것.

기행이 어떤 뜻인지 확실하게 느껴지지? 맞아, '기행'은 네가 여행이나 나들이, 견학이나 관람을 가서 경험한 것과 느낀 것, 생각한 것을 적은 거야.

'기행'이라는 말이 어렵게 느껴질 수도 있겠지만, 네 소중한 하루의 기록을 담은 일기라는 점에서는 보통 일기와 똑같아. 기행 일기도 일기의 한 종류일 뿐이지.

아니, 잠깐! 지금 표정이 어두워진 것 같은데? 혹시 너도 '일기 싫어 증후군'을 앓고 있니? 일기라면 닭살부터 돋고 일기장을 보기만 해도 고개가 휙 돌아가는 증상 말이야.

좋아, 그렇다면 기행 일기 준비 단계에 들어가기 전에 '일기를 쓰는 네 가지 방법'에 대해 먼저 알려 줘야 되겠군.

네 가지 방법을 알게 되면 더 이상 일기 쓰기가 겁나는 글쓰기 숙제가 아니라고 느끼게 될 거야.

첫째, 무엇이든 써도 돼.

일기는 특별한 기록이 아니야. 그날그날 있었던 사소한 일들을 기록하는 너만의 역사책이니까.

둘째, 잘 쓸 필요는 없어.

일기를 읽을 독자는 바로 너야. 다른 사람에게 보여 주려고 일기를 쓰는 사람은 거의 없어. 그러니까 잘 쓰려고 노력하지 않아도 돼.

셋째, 한 줄만 써도 괜찮아.

일기 쓰기에 정해진 분량은 없어. 한 줄이라도 괜찮아. 매일 쓰려는 마음가짐만 있다면 말이야.

넷째, 글씨는 알아볼 수 있게 쓰자.

일기를 쓸 때 글씨를 꼭 예쁘게 쓸 필요는 없어. 그렇다고 해서 나중에 네가 네 일기를 읽었을 때 무슨 글자인지 알아볼 수 없게 쓰면 안 되겠지?

이제 '일기 싫어 증후군'은 좀 나아졌니? 그렇다면 본격적으로 기행 일기에 대해 파고들어 보자.

일기는 그날그날 겪은 일이나 생각에 대한 기록이야. 그날 있었던 일이라면 무엇이든 자유롭게 쓸 수 있지. 그렇다면 기행 일기는 어떨까?

맞아! 앞에서 찾아본 '기행'이라는 말의 뜻처럼 기행 일기는 어딘가를 다녀온 이야기를 쓴다는 점이 보통의 일기와는 조금 다르지.

그렇다고 해도 기행 일기는 기행문이나 견학문과는 달라. 기행문이나 견학문은 선생님에게 제출하기 위해 쓰는 경우가 많아. 그래서 실제로 겪은 일이나 내 생각, 느낌을 솔직하게 쓰기보다는 인터넷에서 정보를 찾아 내용을 채우거나 견학 간 곳에서 얻은 팸플릿만 붙여 제출하는 경우가 많지.

어라? 지금 좀 뜨끔한 표정을 지은 것 같은데? 혹시 너도? 하하하.

걱정 마. 네가 그렇게 써 왔던 기행문이나 견학문과는 달리 기행 일기는 누구에게 보여 주기 위해 쓰는 글이 아니기 때문에 네가 쓰고 싶은 대로 쓰면 되니까.

박지원도 자신이 보고 듣고 겪은 일들, 자신의 생각을 표현하기 위해 자신만의 자유로운 글투로 나, 〈열하일기〉를 썼잖아? 박지원처럼 너도 너만의 기행 일기를 쓸 수 있어!

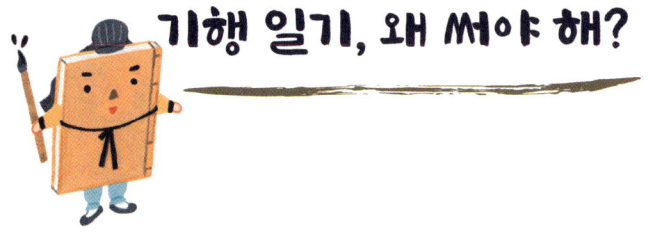
기행 일기, 왜 써야 해?

이제 기행 일기가 어떤 일기인지 이해가 좀 되지?

그런데 지금 손을 꼼지락거리는 걸 보니 아무래도 기행 일기를 왜 써야 하는지 모르겠나 보구나? 좋아, 네가 확실히 이해할 수 있게 말해 줄게.

첫째, 네가 새로운 곳에 가서 겪은 다양한 경험과 지식을 정리하고 저장할 수 있어. 이런 기록들을 일기로 남기면 네가 나중에 언제든 다시 꺼내 볼 수 있어. 또한 그런 기록들이 너의 생각을 성장시키고 발전시키는 데 도움이 될 거야.

둘째, 새로운 곳에서 느낀 네 자신의 생각과 감정을 표현할 수 있어. 새로운 장소에서 평소와 다른 것을 느끼고 생각했다면 기행 일기를 통해 글로 쓰면서 보다 분명하게 정리할 수 있지. 어떤 때에는 글을 쓰다 보면 그 생각이 좀 더 깊어지기도 한다고. 박지원이 청나라 여행 때 만리장성을 구경하고 쓴 일기처럼 말이야.

한동안 서서 구경하다가 돌아가려니 누구 하나 먼저 내려가려고 하지 않았다. 벽돌을 쌓아서 만든 계단이 너무 높고 위험해서 내려다보기만 해도 겁이 났기 때문이다. …… 올라갈 때는 앞만 보고 계단을 하나하나 밟고 올라가면 되었는데, 내려오려고 아래를 보니 현기증이 났다.
벼슬살이도 마찬가지다. 위로 올라갈 때는 한 계단이라도 남보다 뒤처지지 않으려고 애를 써서 올라간다. 하지만 끝내 높은 자리를 차지한 뒤에는 어떠한가. 두렵고 위태로운 상황에 처해서 앞으로는 내디딜 곳이 없고, 뒤로는 천 길 낭떠러

지가 있다. 올라가려고 해도 올라갈 수가 없고 내려가려고 해도 내려갈 수가 없다. 세상 모든 일이 이와 같다.
-7월 23일

셋째, 귀가 솔깃해질 얘기인데, 기행 일기를 쓰면 글쓰기 능력이 쑥쑥 자라게 돼. 글을 쓰는 과정에서 문장의 구성과 표현 방식을 연습할 수 있으니까 말이야.

넷째, 다른 사람들에게 정보를 정확하게 전달할 수 있어. 기록하지 않은 기억은 가끔 이상하게 바뀌게 되거든.

이런 경우, 혹시 없었니? 네가 박물관을 다녀와서 친구에

게 자랑하고 싶은데, 막상 말을 꺼내려고 하면 '박물관에서 뭘 봤더라?' 하고 생각하며 멈칫했던 적 말이야. 또 네가 놀이동산에 다녀와서 어떤 놀이기구를 얼마나 재미있게 탔는지 친구에게 말해 주고 싶은데, 말을 꺼내려고 하면 '어떤 놀이기구를 탔더라?' 하고 쉽게 입을 못 뗀 적도 있었을지 몰라.

하지만 기행 일기를 쓰면 이런 걱정은 끝! 일기를 쓰다 보면 너의 경험을 체계적으로 정리할 수 있고, 그 일기를 읽기만 해도 다시 머릿속으로 정리가 될 테니까 말이야.

다섯째, 여행에서 얻은 추억을 생생하게 간직할 수 있어. 물론 사진 앨범을 꺼내 넘겨 보는 것도 추억을 되새길 수 있는 방법이긴 해.

그런데 말이야, 기행 일기는 사진과 분명하게 다른 점이 있어! 그건 바로 기행 일기는 네가 여행하면서 보고 들은 것들뿐 아니라, 느끼고 알게 된 것들도 함께 담은 기록이라는 거야.

꼭 누군가에게 너의 경험을 말해 주지 않는다 해도, 네가 쓴 기행 일기는 나중에 다시 꺼내 볼 때마다 추억을 되새길 수 있는 소중한 자료가 될 거야.

자, 기행 일기가 뭔지, 기행 일기를 쓰면 뭐가 좋은지 알았지? 이제 아는 것을 실천으로 옮길 시간이야. 나, 〈열하일기〉를 쓴 박지원처럼 말이야. 지금부터 기행 일기를 쓰기 위한 준비를 시작해 볼까?

기행 일기를 써야 하는 이유

새로운 곳에서 겪은 다양한 경험과 지식을 정리하고 저장할 수 있어.
기행 일기를 쓰면 너의 생각이 성장하고 발전할 수 있을 거야.

너의 생각과 감정을 표현할 수 있어.
기행 일기를 쓰다 보면 그 장소에서 느낀 생각과 감정이 보다 분명하게 정리돼.

글쓰기 능력이 쑥쑥 자라게 돼.
기행 일기라는 글을 쓰면서 자연스럽게 글쓰기 연습이 되지.

다른 사람들에게 정보를 정확하게 전달할 수 있어.
기행 일기는 너의 경험을 정확하게 기록한 자료가 될 거야.

여행에서 얻은 추억을 간직할 수 있어.
마치 사진 앨범처럼 기행 일기는 네가 새로운 곳에서 경험하고 느낀 것들 생생하게 되살려 줄 거야.

네 손에 항상 연필!

 기행 일기를 쓰기 위해 가장 먼저 해야 할 일은? 두구두구두구! 답은 바로 '어디든 새로운 곳에 가 본다!'

 앞서 말한 것처럼 기행은 여행하는 동안에 보고 듣고 느낀 것들을 기록한 것이기 때문에, 집 안이나 학교 교실처럼 매일 다니는 곳은 소재로 적합하지 않아.

 그렇다면 반드시 여행을 다녀와야만 기행 일기를 쓸 수 있는 것일까? 노노노! 어디든 괜찮아. 새로운 곳이라면 기행 일기 소재로 딱이니까.

 중요한 것은 네가 어디를 가든, 무엇을 보고 듣든 무조건 기록해야 한다는 거야.

아, 잠깐! 생각해 보니 네가 이렇게 오해할 수도 있을 것 같아.

"기록하라고? 놀러 가는데 일기장을 갖고 다니라는 거야?"

내가 말하는 기록은 말 그대로 간단하게 쓰는 메모 같은 것을 말하는 거야.

네가 미술 전시회를 갔다면, 어떤 전시회인지, 어떤 작품을 가장 먼저 보았는지 쓰고, 어떤 작품이 가장 마음에 들었는지, 무엇을 느꼈는지 간단하게 끄적거리며 메모할 수 있어.

기행 일기는 그런 기록들을 모아서 시간 순서대로 정리하면 완성되는 거야.

이렇게 틈틈이 메모하는 습관은 기행 일기를 정확하게 쓰는 데 매우 중요해. 네가 아무리 정확하게 기억하고 싶어도 기억이 뒤죽박죽 뒤섞일 때가 있거든.

박지원도 〈열하일기〉인 나를 정확하게 쓰기 위해 틈틈이 메모했어.

사시(오전 아홉 시부터 열한 시)에 태학에 들었다. 오전에 쓴 글은 길에서 썼고, 지금부터는 태학에서 머물며 있었던 일을 기록하겠다.
-8월 9일

어때? 박지원이 경험한 일을 잊지 않으려고 길 위에서도 틈틈이 메모했다는 걸 알 수 있겠지?

그럼 이렇게 필요할 때마다 메모를 하기 위해 무엇을 준비해야 할까? 맞아! 바로 네 손에 딱 들어오는 작은 수첩과 연필이 필요해.

물론 꼭 수첩이 아니어도 괜찮아. 큰 종이를 작게 접어서 볼펜으로 메모를 해도 돼. 포스트잇처럼 뗐다 붙였다 할 수 있는 메모지를 이용하는 것도 좋겠지.

만일 네가 스마트폰을 갖고 있다면, 메모 기능이 있는 앱을 열어서 메모하는 것도 가능할 거야.

또 스마트폰에는 녹음이라는 멋진 기능이 있잖아. 녹음은 그 무엇보다 생생하게 현장을 기록할 수 있지. 녹음할 때는 기분이 드러나는 너의 목소리와 주변의 분위기를 나타내는 여러 소음이 함께 기록될 테니까 말이야.

이렇게 네 주위에는 메모할 때 쓸 수 있는 다양한 도구들이 있어. 그중에서 내가 가장 추천하는 건

수첩과 연필이야.

　수첩은 책처럼 책장을 넘기며 쓸 수 있기 때문에 자연스럽게 시간 순서대로 메모할 수 있기 때문이지.

　어라? 지금 스마트폰 꺼내는 거야? 스마트폰도 시간 순서대로 메모할 수 있다고 말하고 싶은 거지? 맞아. 아까도 말했듯이 스마트폰도 메모 도구로 쓸 수 있어. 하지만 스마트폰에는 큰 단점이 있지. 바로 늘 충전을 해 놓아야 한다는 거야.

　내가 너무 당연한 말을 했다고 생각하지? 하지만 기억을 더듬어 봐. 급히 통화를 하려고 스마트폰을 꺼냈을 때, 배터리가 방전되어 켜지지 않았던 적은 없었니? 분명히 아침에 충전한 스마트폰의 배터리가 그날 저녁에 사진을 찍으려고 보니 1퍼센트만 남아 있었던 적은? 메모할 때 스마트폰은 수첩만큼 좋은 도구이지만, 가끔 필요할 때 배터리가 방전되어 더 이상 쓸 수 없을 때도 있는 까다로운 도구지.

　그럼 반대로 수첩에 메모할 때를 상상해 봐. 가방에서 수첩을 꺼내서 연필로 메모할 때는 그저 수첩의 책장만 넘기면 돼. 빈 페이지가 나올 때까지 말이야. 휘릭 휘리릭!

수첩이나 연필을 챙겨 다니려면 불편하다고 생각할지도 몰라. 근데 만일 네가 작은 가방을 갖고 다닌다면, 수첩이나 연필, 지우개 정도는 불편하지 않게 넣어 다닐 수 있을 거야.

기행 일기를 쓰기 위한 준비1

새로운 곳에 가면 항상 메모하는 습관을 들이자.
"와, 새롭다!", "오! 신기한데!" 하고 놀란 뒤에 재빨리 메모를 하지 않으면 그때의 경험은 네 머릿속에서 사라질 확률이 99.9퍼센트야.

메모를 할 수 있는 도구는 무엇이든 이용하자.
스마트폰, 포스트잇, 작게 접은 종이 등 메모만 할 수 있다면 무엇이든 좋아. 가장 추천하는 도구는 물론 수첩과 연필이지만 말이야.

찍자, 찍어, 사진!

지금부터 퀴즈를 하나 낼게. 잘 생각해서 답을 말해 봐.

눈앞의 물체를 손가락 하나로 빠르게 기록할 수 있고, 글로 쓴 기록보다 생생하고 확실하게 그때의 경험을 떠올릴 수 있는 것은?

어때? 아리송하지? 정답은 바로 '사진'이야.

정답을 알고 나니 조금 김새지 않니? 하하하. 그런데 사진은 퀴즈에서 말한 그대로 어떤 도구보다 빠르게 기록할 수 있고,

어떤 기록보다 생생하게 기억을 떠올릴 수 있게 해 주지.

무슨 말인지 알 듯 모를 듯하다고? 그럼 한번 상상해 볼래?

제주도로 가족여행을 갔다고 생각해 봐. 제주도에 도착하니 신기한 나무와 검은색 돌담이 눈에 확 들어와.

그런데 만일 네 손에 스마트폰이 있다면? 카메라 앱을 켜고 '찰칵' 사진을 찍기면 하면 바로 사진 한 장이 기록으로 남는 거야.

그것뿐만이 아니야.

그날의 여행을 끝내고 가족들과 머무는 숙소에서 너는 기행일기장을 앞에 두고 이렇게 중얼거리게 될지도 몰라.

"오늘 기행 일기는 꽝이야. 피곤해서 일기를 못 쓰겠어. 하지만 일기를 밀리면 내일은 오늘 경험한 일들이 하나도 생각나지 않을 텐데……."

그럴 때 사진이 큰 도움이 될 거야. 일기를 쓸 자리에 가장 중요한 사진 한두 장을 붙여 두고, 장소와 네가 느꼈던 기분을 적으면 그것 역시 훌륭한 기행 일기가 될 수 있으니까.

물론 이런 방법을 실제로 쓰려면 사진을 프린트할 수 있는 작은 프린터기가 필요하겠지만 말이야.

만일 박지원이 살던 시대에 카메라가 있었다면 나, 〈열하일기〉의 모습은 크게 달라졌을 거야. 고개를 갸웃거리는 걸 보니 내가 하는 말이 이해가 되지 않나 본데? 그럼 박지원이 글로 남긴 만리장성에 대한 기록 옆에 사진이 있다면 어떨지 한번 살펴볼까?

만리장성을 보지 않고서는 중국이 얼마나 큰지 알 수 없을 것이다. …… 사람들과 올라서서 사방을 둘러보니 만리장성이 북으로 뻗어 있다.

-7월 23일

　어때? 박지원의 글로도 만리장성의 거대함이 느껴지지만 역시 사진으로 보니 얼마나 길고 웅장한 성벽인지 확실하게 느껴지지?

어딘가 새로운 곳에 가게 된다면 무조건 사진을 많이 찍어 두도록 해. 풍경 사진이든, 물건 사진이든 가릴 것 없이 찍는 거야. 네 모습이 사진에 같이 나오도록 찍으면 더욱 좋아.

네가 사진 속에 들어가면 기행 일기를 쓸 때 사진을 다시 보며 그때의 네 기분을 느낄 수 있어. 또 물건 옆에 서서 사진을 찍는다면 그 물건의 크기가 얼마나 되는지 다시금 가늠할 수도 있지.

사진을 찍은 뒤에는 수첩에 사진을 찍은 내용을 메모해 두면 좋아. 사진이 너무 많아지면 나중에 기행 일기를 쓸 때, 어디에 가서 무엇을 찍은 건지 헷갈리기 십상이거든.

사진 내용을 어떻게 메모하냐고? 만일 네가 건물 사진을 찍었다면 수첩에는 사진을 찍은 날짜와 시간을 쓰고 '회색 건물 사진1'이라고 기록하는 거야. 이렇게 메모해 두면 사진이 아무리 많아져도 헷갈릴 일이 없지.

그리고 하늘도 한 번씩 찍어 두길 바라. 그날의 날씨를 기억하는 데 도움이 되거든.

참! 사진을 찍을 때는 주의해야 할 점이 있어. 바로 사진을 찍어도 되는 장소인지 먼저 확인해 봐야 한다는 거야.

실외는 대부분 사진을 찍어도 괜찮지만, 박물관이나 미술 전시회장 같은 경우는 사진 촬영이 금지된 경우가 많아. 이런 경우에는 아무리 기행 일기를 위한 기록이라도 절대로 사진을 찍으면 안 되겠지?

기행 일기를 쓰기 위한 준비2

사진은 최고의 메모, 사진을 많이 찍자.
사진만큼 빠르게 기록할 수 있는 메모 도구는 거의 없어. 새로운 곳에 가면 사진을 많이 찍길 바라.

사진을 찍은 뒤에는 수첩에 기록하자.
사진을 많이 찍게 되면 나중에 정리할 때 무엇을 찍은 건지, 어디에 가서 찍은 건지 헷갈릴 수 있어. 사진을 찍은 뒤에는 수첩에 사진과 관련된 메모를 짧게 해 두는 게 좋아.

사진 촬영이 가능한 곳인지 확인해야 해.
가끔 사진 촬영이 금지된 곳이 있기 때문에 사진을 찍기 전에 먼저 확인해 두도록 하자.

자료를 모아 모아서!

이제 기행 일기를 쓰기 위한 마지막 준비 단계야. 바로 자료를 모으는 것이지.

내가 말하고 싶은 자료는 두 가지야.

첫째, 새로운 곳에 가기 전에 그곳에 대한 자료를 모아 보는 거야.

혹시 새로운 곳에 놀러 가기 전에 그곳이 어떤 곳인지 미리 알아본 적이 있니? 어라? 눈동자가 떨리는데? 자자, 침착해. 알아보지 않았다고 해서 잘못은 아니니까. 하하.

새로운 곳에 첫발을 내디디게 되면 이것저것 신기한 것들을

보고 듣게 되니까 처음에는 눈이 휘둥그레져서 열심히 관찰할 거야. 난 너의 날카로운 눈썰미를 믿기 때문에 네가 사소한 것까지도 놓치지 않고 기록할 거라고 생각해.

'잘 외워 두었다가 오늘 저녁에 기행 일기에 써야지.'

이런 생각으로 바쁘게 메모할 수도 있겠지.

그런데 만일 네가 미리 정보를 알고 놀러 간다면 어떤 점이 달라질까? 그 점을 알기 위해 박지원이 우연히 한 서점을 만난 기록을 살펴보자.

선무문을 나와 오른편으로 돌아서서 유리창이라는 거리로 들어서니, '오류거'라는 세 글자가 적힌 간판이 붙어 있었다. 도옥이라는 사람이 운영하는 서점이었다.
지난해에 이덕무가 이 서점에서 책을 많이 샀다고 퍽 흥미롭게 이야기를 했었다. 이제 오류거 앞을 지나고 보니 마치 옛 친구를 만난 것만 같다.
-8월 3일

박지원이 쓴 기록을 잘 읽어 보았니? 그럼 이제 상상해 보자.

만일 친구 이덕무에게서 듣지 않았다면, 박지원은 오류거라는 서점이 있다는 것을 알아차렸을까? 알아차렸더라도 특별히 반갑거나 인상적이라는 기분이 들었을까?

박지원의 눈에 오류거 간판이 들어왔을 때 그 서점이 특별히 반갑게 느껴진 것은 친구 이덕무 덕분에 오류거에 대한 정보를 알고 있었기 때문이야.

이런 말 들어 본 적 있니?

아는 만큼 보인다!

여행을 가서 마음껏 새로운 경험에 빠져 실컷 노는 것도 좋지만, 만일 네가 기행 일기를 쓰기로 마음먹었다면 네가 갈 곳에 대해 미리 살짝, 아주 살짝이라도 알아보는 건 어떨까?

둘째, 네가 새로운 곳에 가서 손에 넣게 된 자료를 버리지 말고 모으는 거야.

네가 만일 박물관이나 미술 전시회장에 간다면 그 건물이나 전시 품목에 대한 팸플릿을 받게 되겠지. 혹은 입장권을 받을 수도 있어. 네가 여행을 간다면 그곳에서 제공하는 여행 스탬프를 찍을 수도 있고, 부채나 모자 같은 무료 기념품을 받게 될 수도 있어.

이런 것을 받으면 한 귀퉁이에 받은 날짜와 시간, 장소 등을 메모해 두면 좋아. 그리고 잊지 말고 가방에 넣어 두는 거야. 이런 물건들은 네가 기행 일기를 쓸 때, 기억을 떠올리고 정리를 도와줄 좋은 자료가 될 테니까.

기행 일기를 쓰기 위한 준비3

네가 갈 곳의 정보를 모아 봐.
아는 것이 힘! 네가 아는 만큼 새로운 곳에서 네 시야는 더욱 넓어질 거야.

새로운 곳에서 받은 것은 무엇이든 모아 봐.
기념품, 입장권, 팸플릿 등 여행지와 관계있는 것이라면 버리지 말고 모아 두도록 해. 기행 일기를 쓸 때 좋은 참고 자료가 될 거야.

다섯 친구들과 함께 쓰는 기행 일기

기행 일기 준비 단계까지 아주 잘 따라와 주었어. 정말 너무 대견해서 네 등을 철썩 때려 주고 싶을 정도라니까! 하하하.
이제부터 너만의 기행 일기를 써 보자. 잠깐! 잠깐! 그렇게 겁먹을 거 없어. 처음부터 박지원처럼 멋들어진 기행 일기를 쓰자고 하는 건 아니니까. 난 너처럼 기행 일기 쓰기를 어려워하는 다섯 친구를 알고 있어. 다섯 친구를 차례로 만나면서 간단한 기행 일기부터 차근차근 써 보는 거야. 나만 믿고 따라와! 마지막 친구까지 만나고 나면 넌 기행 일기 박사가 돼 있을 거야.

날씨 일기로 몸풀기

이곳은 수호네 집. 수호는 '기행 일기 쓰기'라는 큰 산의 첫 계단을 너와 함께 오를 첫 번째 친구야. 왜 수호가 첫 번째 친구가 됐냐고? 그건 말이야…….

"싫어! 일기 쓰기 싫다고! 기행 일기는 또 뭐야! 아, 글쓰기라니! 정말 싫어, 싫다고!"

저기 책상 앞에 앉아서 발을 휘휘 저으며 울상을 하고 소리치는 친구가 보이지? 그래, 저 친구가 바로 수호야.

왜 내가 수호를 첫 번째 친구로 소개시켜 준 건지 알겠지? 그래, 맞아. 수호는 일기 쓰기 자체가 싫대. 그런데 기행 일기를 쓰라니 더 하기 싫고, 더 겁이 나나 봐.

그때 누나가 방문을 빼꼼히 열고 얼굴을 내밀었어.

"강수호! 일기 쓰기가 그렇게도 싫으니?"

"누나는 글을 잘 써서 맨날 칭찬만 받잖아. 내가 얼마나 고통스러운지 알 리 없지!"

화가 난 수호의 입이 앞으로 쭉 나왔어. 누나는 수호에게 다가와서 책상 위에 펼쳐 놓은 일기장을 보았지. 일기장은 아주 깨끗하게 비어 있었어.

"너무 어렵게 생각하지 마. 이건 네 일기장이잖아. 쉽게 쓸 수 있는 방법을 생각해야지."

"쉽게 쓰는 방법?"

그제야 수호의 입이 제자리로 돌아왔어. 누나는 생각에 잠겨서 천장을 잠깐 노려보다가 갑자기 뭔가 떠오른 듯 수호에게 말했지.

"오늘부터 기행 일기를 써야 한다고 했지? 그럼 앞으로 3일 동안은 일단 날짜랑 날씨, 일기 제목, 장소, 집에서 출발한 시각과 집으로 돌아온 시각만 써 봐."

"그게 무슨 말이야?"

수호는 누나 말이 이해가 되지 않았어.

"매일 기행 일기를 쓸 만큼 특별한 장소에 가지는 않지만 매일 학교, 학원, 친구네 집 같은 곳을 가잖아. 너는 기행 일기 쓰기를 어려워하니까 미리 연습을 해 보자는 거야."

누나의 말에 수호는 고개를 끄덕였어.

"기행 일기에서는 날씨를 자세히 쓰면 쓸수록 좋아. 날씨는 그날의 경험을 떠올리는 데 중요한 역할을 하니까. 일단 3일 동안만 해 봐. 그럼 너도 모르게 다른 내용도 쓰고 싶어질 거야."

누나는 꼭 마법사처럼 집게손가락을 펴서 빙글빙글 돌리더니 방 밖으로 나갔어.

남겨진 수호는 우두커니 앉아서 생각하다가 누나 말대로 오늘의 일기를 쓰기 시작했지. 정말 누나 말대로 3일 동안 연습하면 일기를 쓸 수 있다는 생각이 들까? 좋아! 우리도 수호와 함께 날씨부터 시작하는 기행 일기 쓰기의 첫 계단을 밟아 보자!

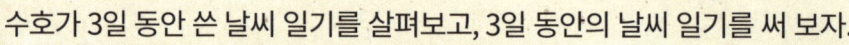 수호가 3일 동안 쓴 날씨 일기를 살펴보고, 3일 동안의 날씨 일기를 써 보자.

날짜: 20○○년 2월 15일 ○요일	날씨: 하루 종일 비가 오다 말다 하다
제목: 오늘 하루	
오늘 방문한 곳: 학교, 학원	
집에서 출발한 시각: 오전 8시 20분	
집에 돌아온 시각: 오후 7시 10분	

날짜: 20○○년 2월 16일 ○요일	날씨: 맑은데 찬 바람이 쌩쌩 불다
제목: 재미있는 보드 게임	
오늘 방문한 곳: 학교, 민준이네 집	
집에서 출발한 시각: 오전 8시 20분	
집에 돌아온 시각: 오후 6시 30분	

날짜: 20○○년 2월 17일 ○요일	날씨: 흐리다가 눈이 펑펑 내리다
제목: 신나는 눈싸움	
오늘 방문한 곳: 민준이네 집, 놀이터	
집에서 출발한 시각: 오전 11시 40분	
집에 돌아온 시각: 오후 4시 10분	

날짜:	날씨:
제목:	
오늘 방문한 곳:	
집에서 출발한 시각:	
집에 돌아온 시각:	

날짜:	날씨:
제목:	
오늘 방문한 곳:	
집에서 출발한 시각:	
집에 돌아온 시각:	

날짜:	날씨:
제목:	
오늘 방문한 곳:	
집에서 출발한 시각:	
집에 돌아온 시각:	

대화가 필요해!

이곳은 서아네 집이야. 서아는 기행 일기로 가는 두 번째 계단을 함께 오를 친구지.

서아는 저녁을 먹고 이제 막 책상 앞에 앉았어.

오늘 낮에 국립 중앙 박물관에 갔던 일을 일기에 쓰고 싶은데, 뭘 어떻게 써야 할지 알 수가 없었어.

'그러니까 박물관에 가서 뭘 보기는 했는데…….'

서아는 아무리 기억을 더듬어 봐도 박물관의 모습조차 가물가물 생각이 나지 않았지.

결국 서아는 엄마에게 도움을 구했어.

"엄마, 기행 일기에 뭘 어떻게 써야 할지 모르겠어요. 아무것도 기억나는 게 없어요."

서아는 입술을 삐죽 내밀었어. 그러자 엄마는 종이와 펜을 꺼내 왔어.

"서아야, 너무 당황할 거 없어. 엄마랑 대화를 나누면서 차근차근 떠올리면 되니까."

"네? 대화를 나누면서요?"

"그래, 엄마와 오늘 하루 있었던 일에 대해 이야기를 나누는 거야. 그리고 엄마는 서아가 말한 내용을 종이에 정리할게."

서아는 힐끗 종이를 바라보았어. 그러다가 눈이 반짝였지.

"어! 그럼 엄마가 대신 일기를 써 주시는 거예요?"

그 말에 엄마는 크게 웃었어.

"하하하, 아니. 엄마는 서아가 한 말을 기록해 주는 것 뿐이야. 그 기록을 보고 서아가 기행 일기에 무엇을 쓸지 정하면 돼."

엄마는 여전히 어리둥절해 있는 서아에게 여러 가지 질문을 던졌어.

"오늘 서아는 어디에 놀러 갔지?"

"누구랑 함께 갔는지 말해 줄래?"

"날씨는 어땠니?"

"박물관 입구에 들어가기 전에 무엇을 보았는지 기억나니?"

엄마가 물을 때마다 서아는 콧등을 찡그리며 생각하고 또 생각했어.

"아! 계단을 올라갔어요! 그리고 현수막이 펄럭거리는 것도 봤어요. 박물관에서 하는 전시에 대한 설명이 쓰여 있었어요!"

서아는 대답하면서 점점 신기하다는 생각이 들었어. 대화를 하면 할수록 뿌옇기만 하던 기억이 점점 뚜렷해지는 것 같았으니까.

"자, 이제 이 종이를 들고 방에 들어가서 기행 일기를 쓰면 될 것 같구나. 너무 자세하게 쓰려고 애쓸 필요 없어. 처음 쓰는 기행 일기니까 네가 기억나는 만큼만 간단하게 쓰면 된단다."

서아는 고개를 끄덕이고 얼른 방으로 돌아왔어. 엄마가 써 준 종이를 들고 말이지.

"우아! 엄마랑 나눈 대화가 기행 일기의 열쇠가 될 줄은 몰랐어! 엄마, 최고!"

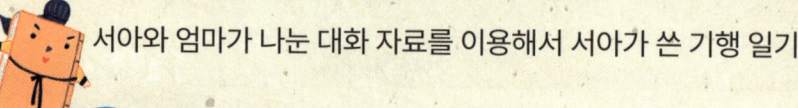 서아와 엄마가 나눈 대화 자료를 이용해서 서아가 쓴 기행 일기를 살펴보자.

 어디에 갔니?

 국립 중앙 박물관요.

 누구랑 갔니?

 엄마, 아빠, 지윤이랑요.

 날씨는 어땠니?

 흐렸다가 맑아졌어요.

 박물관 앞에서 무엇을 보았니?

 박물관에서 하는 전시 설명이 쓰인 현수막요.

 박물관에 들어가서 가장 먼저 무엇을 했니?

 화장실을 갔어요.

 어떤 전시를 보았니?

 조선 시대 도자기들을 보았어요.

날짜: 20○○년 4월 9일 ○요일	날씨: 흐렸다가 맑게 개다

제목: 국립 중앙 박물관에 다녀와서

오늘 가족 모두 국립 중앙 박물관에 갔다.
박물관에서 하는 조선 시대 도자기 전시를 보기 위해서였다.
박물관에 도착해 보니 오늘 전시 설명이 쓰인 커다란 현수막이 펄럭거렸다.
나는 재빨리 계단을 올라가 박물관 안으로 들어갔다. 화장실이 너무 급했기 때문이다.
박물관에서는 조선 시대 도자기들을 보았다. 내가 아는 모양의 도자기도 많았지만, 신기한 모양의 도자기도 많았다.

 서아처럼 기억을 떠올리는 것을 도와줄 사람과 대화를 나누고, 그 기록을 바탕으로 간단한 일기를 써 보자!

대화를 기록한 종이를 여기에 붙여 봐.

날짜:　　　　　　　날씨:

제목:

그림일기도 오케이!

이번에는 너와 함께 기행 일기의 세 번째 계단을 오를 하준이라는 친구를 찾아가 볼까? 지금 하준이는 부산에 가족여행을 왔어. 지금 하준이가 일기장을 펼쳐 놓고 멍하니 벽만 바라보는 이곳은 하준이네 가족이 묵고 있는 숙소야.

하준이는 며칠 전부터 기행 일기를 쓰려고 마음먹고 있었어. 하지만 막상 일기를 쓰려고 하니 연필을 잡은 손가락이 우물쭈물 움직여 주지 않는 거야.

'휴, 글쓰기는 정말 어려워. 오늘 부산에서 재미있는 구경도 많이 하고 맛있는 것도 먹었는데, 글로 쓰려고 하니까 하나도

못 쓰겠어.'

하준이는 머리를 벅벅 긁으며 땅이 꺼져라 한숨을 내쉬었어.

하준이 옆에서 과자를 집어 먹던 형이 피식 웃으며 말했어.

"일기 쓰기가 그렇게 어려우면 글 말고 그림으로 그리면 되잖아."

"그림?"

하준이는 놀라서 눈이 동그래졌어. 쓰다가 고개를 돌려 가자미눈으로 형을 노려보았지.

"내가 몇 살인데 그림일기를 쓰라는 거야?"

"꼭 어린아이들만 그림일기를 쓰라는 법 있어? 그림을 그려서 설명하는 게 쉽고 편하면 그냥 그림일기를 쓰면 되는 거지."

"어! 그런가?"

하준이가 눈동자를 데굴데굴 굴리며 생각해 보니 형의 말이 옳은 것 같았어.

"하준이 너는 그림도 잘 그리잖아. 가장 기억에 남았던 경험을 그리고, 그 옆에 네 기분이나 생각을 간단하게 쓰면 그게 기행 일기지."

말을 마친 형은 다시 과자를 먹으며 텔레비전으로 눈을 돌렸어.

하준이는 형의 말을 곰곰 생각해 보았지.

'어쩌면 기행 일기를 쓰고 싶어도 쓰지 못한 이유가 힘들어하는 글쓰기를 억지로 하려고 했기 때문인지도 몰라. 형 말대로 그림일기부터 시작하면 나중에는 진짜 글만으로도 기행 일기를 쓸 수 있게 될 거야.'

자신감이 생긴 하준이는 스마트폰을 꺼내 오늘 찍은 사진들을 살펴보기 시작했어. 사진들을 하나씩 살펴보니 오늘 하루 어떤 경험을 했는지 하나씩 떠올랐지.

"좋아! 그림 그릴 준비 완료!"

 사진을 보고 하준이가 그림일기로 쓴 기행 일기를 살펴보자.

날짜: 20○○년 6월 20일 ○요일	날씨: 피부가 까매질 정도로 해가 쨍쨍

제목: 부산 여행

가족들과 부산에서 밀면을 먹었다. 면이 쫄깃쫄깃하고 맛있었다.

해운대 바닷가에서 모래놀이를 했다. 모래가 정말 부드러웠다.

 하준이처럼 오늘 하루 찍은 사진들을 살펴보며 간단한 그림일기를 써 보자!

오늘 하루 찍은 사진을 여기에 붙여 봐.

날짜:　　　　　　　　　　날씨:

제목:

메모 정리의 힘!

이번에 만날 친구는 지아라고 해. 이제 말하지 않아도 알겠지? 지아가 너와 함께 기행 일기로 가는 네 번째 계단을 오를 친구라는 걸 말이야.

창밖이 어두운 걸 보니 밤인가 봐. 어라? 지아가 엄마, 아빠와 과일을 먹으며 신나게 텔레비전을 보고 있잖아! 벌써 기행 일기를 다 썼나 보지?

"지아야, 오늘 일기는 썼니?"

엄마의 말에 지아는 사과를 먹다 말고 고개를 절레절레 저었어. 그러다가 갑자기 씩 웃더니 물었지.

"'오늘 한국 민속촌에 갔는데, 너무 재미있었다.'라고 써도 돼요?"

지아의 말에 엄마도 씩 웃었어.

"한국 민속촌에서 했던 일이 정말 많은데, 정말 그렇게만 쓸 거니?"

그때 곁에서 텔레비전을 보던 아빠가 고개를 갸웃거리며 물었어.

"그러고 보니 지아는 오늘 하루 종일 계속 연필로 뭔가를 끄적거리지 않았니?"

'앗! 들켰다!'

지아는 한숨을 푹 쉬었어.

"기행 일기는 어렵단 말이에요. 새로운 경험을 할 때마다 종이에 써 두면 좋다고 해서 그렇게 하긴 했는데……."

지아는 자신 없는 말투로 말끝을 흐렸어. 아까 가방 속을 살펴본 기억이 떠올랐거든. 가방 속에서 메모가 담긴 종이들이 서로 뒤엉켜 굴러다녔지.

"메모를 했다고? 그럼 기행 일기 쓸 준비가 다 된 것 같은데."

"엄마 생각도 그래. 지아야, 네가 쓴 메모들 좀 가져와 볼래?"

엄마, 아빠의 말에 지아는 어깨를 축 늘어뜨리고 가방을 가져왔어. 가방을 뒤집었더니 종이들이 와르르 탁자 위로 쏟아졌지.

아빠는 종이를 하나씩 집어 들고 찬찬히 살펴보았어.

"메모마다 번호를 미리 써 두었구나. 지아가 기록을 정말 잘했는데! 메모를 순서대로 맞추면 이것만으로도 충분히 기행 일기를 쓸 수 있을 거야."

아빠의 말에 지아는 슬쩍 종이들을 들여다보았어. 정말 저런 메모들을 모으면 기행 일기가 되는 걸까? 지아는 믿기지 않았지만, 오늘 하루 종일 써 놓은 메모들을 믿고 한번 도전해 보기로 했지.

 지아가 쓴 메모를 보고, 지아가 메모를 이용해서 쓴 기행 일기를 살펴보자.

1.
날씨: 맑음
오전 10시 30분
한국 민속촌 앞 도착

2.
날씨: 점점 흐려짐
오전 11시 30분
관아의 사또 의자에서 사진 촬영

3.
날씨: 흐림
오후 2시 40분
활쏘기 체험

4.
날씨: 비가 쏟아질 것처럼 흐림
오후 5시 30분
한국 민속촌에서 출발

날짜: 20○○년 7월 1일 ○요일 날씨: 맑았다가 비가 쏟아질 것처럼 흐리다

제목: 한국 민속촌에 다녀와서

오늘 엄마, 아빠와 함께 한국 민속촌에 놀러 갔다. 텔레비전 드라마에서 봤던 기와집이 늘어서 있었다.

조선 시대 관아를 재현한 곳에서 사또 의자에 앉아 사진 촬영을 했다.

점심을 먹고 구경하다 보니 활쏘기 체험을 하는 곳이 보였다. 우리 가족 모두 한 번씩 활을 쏴 보았다.

저녁은 집에서 먹기로 하고 민속촌에서 출발했다.

 지아처럼 새로운 곳에서 틈틈이 쓴 메모들을 붙이고, 메모를 보며 기행 일기를 써 보자!

오늘 하루 네가 쓴 메모들을 여기에 붙여 봐.

날짜:	날씨:
제목:	

 ## 네 기분, 네 생각

"오늘 정말 재미있었다, 그렇지?"

"응, 어떻게 종이로 저런 모양을 만들지? 정말 신기해."

지금 아이들이 왁자지껄하는 소리가 들리니? 오늘 기행 일기 완성을 위한 마지막 계단을 함께 오를 친구인 도윤이도 저 속에 있어.

저기 눈을 반짝반짝 빛내면서 빙그레 웃고 있는 친구 보이지? 저 친구가 도윤이야.

'아, 정말 신기하고 재미있었어! 잊어버리기 전에 기행 일기에 꼭 써야지!'

도윤이는 신기하게도 일기 쓰기를 좋아해. 오늘처럼 '종이접기 전시회'라는 특별한 곳을 구경한 날이면 일기에 뭘 써야 할지 고민하지 않아도 되기 때문에 더 신난대.

그날 저녁, 도윤이는 일기장을 펼쳐 놓고 휘리릭 일기를 쓰기 시작했어. 그리고 10분 뒤, 도윤이가 우렁차게 외쳤어.

"오늘의 기행 일기, 끝!"

그 소리에 책을 읽던 동생이 깜짝 놀라서 달려왔어.

"형, 벌써 일기 다 썼어? 와! 대단하다!"

동생은 존경의 눈빛으로 도윤이를 바라보았어.

"형, 일기 어떻게 썼어? 한번 읽어 봐도 돼?"

"흠흠, 사실 일기는 남이 보면 안 되지만, 특별히 한 번 보게 해 줄게."

도윤이는 거드름을 부리며 일기장을 동생에게 넘겨주었지. 글쓰기를 어려워하는 동생은 하나라도 배우고 싶은 마음에 도윤이가 쓴 일기를 꼼꼼히 읽었어.

"형, 오늘 종이접기 전시회 갔어?"

"응."

"아, 그렇구나. 근데 재미없었어?"

일기장을 건네며 동생은 고개를 갸웃거렸어. 도윤이는 무슨 소리냐는 듯 동생을 바라보았지.

"일기를 읽어 보니까 형이 어디에서 뭘 봤는지는 알겠는데……."

동생은 다시 고개를 갸우뚱하더니 말했어.

"형 기분이나 생각은 하나도 모르겠어."

도윤이는 그제야 기행 일기에서 뭘 빼먹었는지 깨달았어. 전시회를 보면서 느낀 점은 하나도 쓰지 않았던 거야. 그야말로 전시회 관람 기록만 남긴 거지.

도윤이는 부랴부랴 종이를 꺼내 앞에 두고 종이접기 전시회를 떠올렸어. 그리고 비눗방울처럼 퐁퐁 떠오르는 그때의 기분을 하나씩 하나씩 마인드맵으로 정리하기 시작했지.

 도윤이가 쓴 마인드맵을 살펴보고, 도윤이의 기행 일기에서 마인드맵과 관계있는 부분을 찾아보자.

오늘 간 곳

종이접기 전시회
일시 :
장소 :
주최 :

다녀온 느낌 ①

신기하다

다녀온 느낌 ②

해 보고 싶다

다녀온 느낌 ③

또 오고 싶다

날짜: 20○○년 8월 23일 ○요일　날씨: 흐렸다가 밤에 비 오다
제목: 종이접기 전시회에 다녀와서

오늘 친구들과 도서관에서 하는 종이접기 전시회에 갔다.

종이로 접어서 만든 동물, 식물, 곤충 등 여러 작품들이 전시되어 있었다.

처음에 간 곳은 식물관이었는데, 종이 한 장으로 만든 꽃, 나무 등의 작품이 있었다. 두 번째로 간 곤충관에서 본 메뚜기, 사마귀는 살아 움직일 것 같았다. 마지막으로 간 동물관에는 여러가지 동물 작품이 있었는데 친구들은 공룡 작품을 가장 좋아했다.

느낀 점: 종이 한 장으로 만든 작품들이라는 것이 믿기지 않았다. 나도 한번 만들어 보고 싶었다. 다음에 또 오고 싶다.

 도윤이처럼 새로운 곳에 대한 느낌을 마인드맵으로 정리하고, 마인드맵을 보며 기행 일기를 완성해 보자!

오늘 간 곳

- 다녀온 느낌 ①
- 다녀온 느낌 ②
- 다녀온 느낌 ③

날짜:　　　　　　　날씨:
제목: